中国传统工艺与
非物质文化遗产的传承研究

鞠月 著

吉林科学技术出版社

图书在版编目(CIP)数据

中国传统工艺与非物质文化遗产的传承研究 / 鞠月
著. -- 长春：吉林科学技术出版社，2022.4
ISBN 978-7-5578-9308-8

Ⅰ.①中… Ⅱ.①鞠… Ⅲ.①传统工艺－非物质文化
遗产－保护－研究－中国 Ⅳ.①G122

中国版本图书馆 CIP 数据核字(2022)第 072932 号

中国传统工艺与非物质文化遗产的传承研究

著	鞠 月
出 版 人	宛 霞
责任编辑	钟金女
封面设计	李若冰
制 版	北京星月纬图文化传播有限责任公司
幅面尺寸	185mm×260mm
开 本	16
字 数	186 千字
印 张	11
印 数	1–1500 册
版 次	2022年4月第1版
印 次	2022年4月第1次印刷

出 版	吉林科学技术出版社
发 行	吉林科学技术出版社
地 址	长春市南关区福祉大路5788号出版大厦A座
邮 编	130118
发行部电话/传真	0431-81629529 81629530 81629531
	81629532 81629533 81629534
储运部电话	0431-86059116
编辑部电话	0431-81629510
印 刷	廊坊市印艺阁数字科技有限公司

书 号	ISBN 978-7-5578-9308-8
定 价	68.00 元

作者简介

鞠月,女,汉族,1980 年 1 月出生,籍贯为山东省。硕士研究生学历,讲师职称。毕业于西安工程大学,现就职于西京学院。主要研究方向:非物质文化遗产的传承与发展。

主要研究成果:

1.课题《西安地区唐代古墓壁画艺术风格及应用价值研究》,批准单位:西京学院,项目编号:XJ150104,主持人;立项时间:2015 年 7 月,已结题;

2.2018 年陕西省社科界重大理论与现实问题研究项目《陕西传统文化传承与发展研究——以西安地区唐代壁画为例》,批准单位:陕西省社会科学界联合会,项目编号:2018C027,主持人,立项时间:2018 年 3 月,已结题;

3.陕西省社会科学基金项目《陕西省楮皮纸抄制非遗技艺传承与创新发展研究》,批准单位:陕西省哲学社会科学工作办公室,项目编号:2020J034,主持人,立项时间:2020 年 9 月,项目在研;

4.2018 年陕西省社科界重大理论与现实问题研究项目《非遗技艺赋能乡村文化产业发展研究——以北张村楮皮纸制作技艺为例》,批准单位:陕西省社会科学界联合会,项目编号:2021ND0403,主持人,立项时间:2021 年 4 月,项目在研;

5.论文《现代艺术产业为传统文化赋予新的历史价值》,发表期刊《人民论坛》2016 年 12 期中,北大核心期刊;

6.论文《浅谈材料对装饰画的重要性》,发表期刊《人生与伴侣》,2016 年第二期;

7.论文《平面设计中标志设计的发展趋势》发表于《艺术科技》2017.3 公开期刊;

8.论文《浅谈西安地区唐代古墓壁画的艺术风格》发表于《世界家苑》2018.10 公开期刊;

9.《西安唐朝壁画元素在文创产品设计中的应用研究》发表于《艺术科技》2018.5 公开期刊;

10.《The Study on Computer Assisted Fresco Painting：A Case Study of the Murals in Xi'an》2018INTERNATIONAL CONFERENCE ON ARTS, LINGUISTICS, LITERATURE AND HUMANITIES(ICALLH 2018);

11.教改项目《视觉传达设计专业毕业设计(论文)质量管理研究与实践》,批准单位:西京学院,主持人,立项时间:2019 年 6 月,项目编号:JGYB1917,已结题;

12.教材《平面构成》,副主编,2015 年 7 月山东美术出版社出版;

13.教材《UI 交互界面设计》,第一主编,2020 年 8 月东北大学出版社出版。

前　言

　　中华民族五千年的文明史给我们留下了极为丰富的文化遗产,既有物质形态的"有形"的文化遗产,如文物、典籍;又有主要通过"口传心授"的方式传承下来、以非物质形态存在的非物质文化遗产,其内容丰富、形式多样,包括口头传统、传统表演艺术、民俗活动、礼仪、节庆、传统手工艺技能等等。文化遗产中"有形"和"无形"、物质部分和非物质部分共同构成民族文化遗产的整体,缺一不可。在党中央、国务院领导下,我国非物质文化遗产保护工作取得了显著成绩,形成了"非遗保护要坚持以人民为中心""非遗保护具有鲜明的意识形态属性""非遗保护应遵循'保护为主、抢救第一、合理利用、传承发展'"等保护理念,逐步完善保护传承体系,探索推进多种保护方式,着力加强传承能力建设,持续推动国际交流与合作,有力提升了非物质文化遗产的可见度、美誉度和影响力,充分发挥了非物质文化遗产在坚定文化自信、传承中华文脉、提高中华文化影响力等方面的重要作用。传统工艺是非物质文化遗产中的一颗明珠,也是最具开发利用价值的非遗项目,但在一些地区,很多传统工艺因为资金、人才、信息等资源的限制,尚处于发展初期。基于此,我们对传统工艺类非物质文化遗产的传承进行探讨。

　　本书是陕西省社会科学基金项目《陕西省楮皮纸抄制非遗技艺传承与创新发展研究》(2020J034)、陕西省哲学社会科学重大理论与现实问题研究项目《非遗技艺赋能乡村文化产业发展研究——以北张村楮皮纸制作技艺为例》(2021ND0403)的研究成果之一。本书共六章内容,首先分析非物质文化遗产的相关概念,然后在介绍中国传统工艺类非物质文化遗产的类别及价值、中国传统工艺的演进、中国传统工艺思想解读、中国传统工艺的当代价值、中国传统工艺的传承特点的基础上,探讨中国非物质文化遗产保护与开发现状分析、中国非物质文化遗产保护工作保障体系的创新与完善。最后进行实践研究——以陕西省北张村楮皮纸非遗制作技艺为例,探讨非艺技艺的传承和发展的路径。

　　本书通过理论与实践相结合的方式,借助通俗易懂的语言、系统明了的结构、全面丰富的知识点,对中国传统工艺与非物质文化遗产的传承进行研究,充分体现出本书的科学性、系统性、全面性、时代性、实用性等显著特点。

本书在撰写过程中,参考和借鉴了大量的论著和文献资料,在此对相关作者表示衷心的感谢。另外,由于作者水平有限,加之时间仓促,书中有不尽人意处在所难免,欢迎各位读者积极批评指正,以便我们在日后进行修改,使之更加完善。

作　者

2022 年 3 月

目　　录

第一章　非物质文化遗产的类别与价值

第一节　非物质文化遗产的概念及类别

一、非物质文化遗产概念初探

（一）非物质文化遗产概念的提出

社会组成不断变化,人们的精神思想随之改变,人类创造的文化成果也在不断地丰富发展。这些文化成果被称为文化遗产,由物质文化遗产和非物质文化遗产构成。对于一个民族乃至全人类来说,物质文化遗产和非物质文化遗产作为现存文化的记忆是同等重要的。人类社会需要全面可持续发展,进入 21 世纪后,人们愈发重视文化遗产,其中非物质文化遗产因其存在形式的特殊性尤其被人们重视。在理解非物质文化遗产之前,我们有必要回顾联合国在保护遗产过程中的几个重要事件,正是这些事件推动了对非物质文化遗产的保护进程。

1. 自然遗产与文化遗产概念的提出

1965 年,美国白宫首次提出设立"世界遗产信托基金"组织。这个组织成立之初以保护人类非物质文化遗产为目标,呼吁世界各国一起行动进行保护工作。1970 年,美国发布《国家环境政策法案》,将设立"世界遗产信托基金"的理念写入其中。两年后,《人类环境宣言》和《人类环境行动计划》在美国同一时间发表。前者阐释了人与环境的关系问题,认为人与环境并不对立,应该协同发展;后者的主要内容则是要尽快通过《保护世界文化和自然遗产公约》。这几项措施有着深远意义,得到了联合国教科文组织的认可。《保护世界文化和自然遗产公约》(以下简称《世界遗产公约》)于 1972年在巴黎提出,由联合国教科文组织创建。《关于国家一级保护文化和自然遗产的建议案》也在同一时间发表。"世界遗产""文化遗产"和"自然遗产"

的概念因为这两个法案在世界范围内开始流传。事实上,当时的局势也促使联合国必须加强对世界遗产的保护。

《保护世界文化和自然遗产公约》的目的是使遗产免遭破坏。在这项文件中,反映人类文化的手工艺品、自然景观等各种事物被列为保护对象,对自然遗产和文化遗产进行了相应的界定。公约确定的保护对象最后一项是文化与自然双重遗产。在地球上,存在许多反映文化价值的事物,如文物、古代建筑物,我们可以称为文化遗产;而自然遗产则是指地球上本来存在的、天然形成的、没有人工干预的景观奇迹。一方水土养一方人,自然中养育了人,人们进行文化活动,两者结合就是文化与自然双重遗产。仅仅是人类活动加上自然景观涵盖不了这项遗产的丰富内涵,更可贵的是孕育了其中的人文精神。例如,我国泰山就完全称得上文化与自然双重遗产:泰山巍峨壮观,雄伟瑰丽,闻名天下;同时它更举行了很多意义重大的文化活动,如古代帝王封禅就在泰山。只有像泰山这样,文化意蕴与自然景观结合起来的景观才能成为自然与文化双重遗产。

美国自20世纪70年代开始重视非物质文化遗产的保护,而东方起步则早于美国。19世纪70年代,日本将对物质遗产的保护写进法律,并于20世纪50年代开始采取措施保护非物质文化遗产。《文化财产保护法》于20世纪50年代初在日本发布,这是一项有重大意义的法案,对后世影响深远。该法将保护对象分为有形文化财产、无形文化财产、民间文化财产、历史遗址、自然古迹、传统建筑、文化财产保全技术和埋藏的文化财产。其扩大了文化遗产保护范围,并将非物质文化财产也列入保护范围。1954年,经过几年的试运行,文化财产保护委员会对该法进行了重大修改。修改最重要的内容是无形财产从此可以人为确定,将其技术形式和持有人纳入文化财产中予以保护。对于价值高的无形文化遗产,应该深刻了解其构成要素、表演过程,形成保护体系。1975年,《文化财产保护法》新版本发布。在新规定中,民俗材料进一步分为物质上的和思想上的两种。20世纪60年代,在日本的影响下《文化财产保护法》在韩国发布,这项法律将文化财产分为物质上的、精神上的和民间的。韩国《文化财产保护法》规定,非物质文化财产主要由民族表演艺术和传统节目组成,在一定程度上代表了历史发展中人们的习俗、文化结晶、精神内涵。2003年,联合国教科文组织在巴黎发布了《保护非物质文化遗产法案》。这项新法案受到了日本、韩国的影响,吸取了两国的先进经验,具有很大的现实意义。

2.非物质文化遗产概念的提出和深化

随着时间的推移,非物质文化遗产保护工作被列入联合国的工作日程。以保护原有世界自然文化遗产为基础,1987 年联合国确定非物质文化遗产为保护对象。20 世纪 90 年代,保护传统民俗文化的建议书《保护民间创作建议案》在联合国教科文组织的第 25 届巴黎大会上通过。然而,非物质文化遗产的概念并没有在这个建议中使用,而是使用了民间传统文化这个词汇。实际上,非物质文化遗产包括建议中的民间传统文化。《宣布人类口头和非物质代表作申报书编写指南》于 1997 年 11 月在联合国教科文组织第 29 届全体会议上通过,此次会议正式确定了非物质文化遗产的概念,基本遵循了先前对民间传统文化的理解。

21 世纪初,非物质文化遗产的重要法案在联合国颁布。2001 年,《世界文化多样性宣言》在巴黎总部由联合国教科文组织第 31 届大会通过,宣言指出"文化多样性事关人类发展,对我们非常重要,如同生物多样性的意义对于生物平衡一样,文化是一种传承,关乎我们的子孙后代"。在这种背景下,地球上所有民族应该平等相处,互相肯定其存在的价值,在交流中相互尊重、相互促进、共同发展。值得指出的是,中国昆曲入选了世界上第一批口头和非物质文化遗产代表作,此外还有 18 个来自不同国家的优秀作品。

2003 年,《保护非物质文化遗产公约》在联合国的推动下成功发表,非物质文化遗产的概念得到了明确,非物质文化遗产所包括的范围更加清晰,《申报书编写指南》也得到通过。至此,有关非物质文化遗产的立法已较为完备,各国的非物质文化遗产保护工作也有了可进行操作的申报细则。特别是中国,作为常任理事国之一,不仅对公约的内容进行了完善修改,其后更是以实际活动落实了公约的规定。同时,《宣布人类口头和非物质遗产代表作申报书编写指南》也做出了阐释:口头和非物质遗产是得到了全球确认的有历史文化价值的非物质文化遗产,然而因为其存在形式特殊性,有着消失的危险。

回顾联合国教科文组织主导的、各成员国参与的非物质文化遗产的保护工作,可以将联合国为复兴非物质文化遗产采取的措施概括为 4 个阶段:第一阶段,对历史上的文化活动进行保护工作;第二阶段,完善有关文化遗产保护的法律制度;第三阶段,在社会公布具有价值的非物质文化遗产;第四阶段,发布《保护非物质文化遗产公约》。随着对非物质文化遗产认识的加深,联合国加强了立法建设,与各国团结一致,求同存异,制定了反映大多数国家意愿的非物质文化遗产保护原则和规定,为各国申报奠定了良好基础。同时,积极吸取意见、建议和各方面的经验,并制定各种具体可实现的规则操作,为保护非遗工作的进一步发展奠定了基础。非物质文化遗产保护工作不仅可以对世界和平发展起到重要推动作用,而且可以改善人类生活环境,丰富人类的精神生活,为人类和平、稳定和可持续发展做出独特贡献。

(二)非物质文化遗产概念释义

1.非物质文化遗产相关概念

在理解非物质文化遗产概念之前,我们有必要先解释和辨析几个概念,以加深对非物质文化遗产概念的理解。

首先,什么是文化遗产。

在中国古文化典籍中,"文""化"最早见于战国末年的《易·贲卦·像传》:"关乎天文,以察事变;观乎天下,以化成天下。"现代通行的"文化"一词其实来自对外语的意译,英国著名人类学家泰勒在1871年出版的《原始文化》中做出定义:"文化,或文明,就其广泛的民族学意义来说,是包括全部的知识、信仰、艺术、道德、法律、风俗以及作为社会成员的人所掌握和接受的任何其他才能和习惯的复合体。"在这里,文化并没有明确拓展到实物层面。

而中国学者钟敬文的定义是将文化的范畴拓展到实物的层面:"凡人类(具体点说,是各民族、各部落乃至于各氏族)在经营社会生活过程中,为了生存或发展的需要,人为地创造、传承和享用的东西,大都属于文化范畴。它既有物质的东西(如衣、食、住、工具及一切器物),也有精神的东西(如语言、文学、艺术、道德、哲学、风俗等),当然还有那些为取得生活物资而进行的活动(如打猎、农耕、匠作等)和为延续人种而存在的家族结构以及其他各种社会组织。"

"遗产"作为名词最早见于《后汉书》:"(郭)丹出典州郡,入为三分,而家无遗产,子孙困匮。"这里指先人遗留、遗存的物质属性的财产或财物。现代意义上的"遗产"包含了非艺术、非历史的方面,涉及自然遗产、科学技术遗产以及传统和民俗方面的遗产。因此,现代意义上的"遗产"指"人类历史上遗留下来的精神财富的总和"。

1972年联合国教科文组织颁布的《保护世界文化与自然遗产公约》中关于"文化遗产"的定义如下:

文物:从历史、艺术或科学角度看,具有突出的普遍价值的建筑物、碑雕和碑画、具有考古性质成分或结构、铭文、窟洞以及联合体。建筑群:从历史、艺术或科学角度看,在建筑式样、分布均匀或与环境景色结合方面具有突出的普遍价值的单立或连接的建筑群。遗址:从历史、审美、人种学或人类学角度看,具有突出的普遍价值的人类工程或自然与人联合工程以及考古地址等地方。

公约从保护的角度以权威的形式为人们提供了明确的指向。在联合国教科文组织的视野中,文化遗产包括文物、建筑群和遗址三大部分。这样的定义固然反映了"文化"概念向实物层面的扩张,但物化的所指则将"文化"本身的精神内涵及"遗产"概念的精神属性摒弃在公约之外。

中国民间文化遗产抢救委员会将"文化遗产"定义为"人们所承袭的前任创造的文化或文化的产物",该定义包括了文化遗产的物化层面和精神内涵。

其次,非物质文化遗产。

2003年10月17日,联合国教科文组织第32届大会通过了《保护非物质文化遗产公约》,该公约使用了规范的非物质文化遗产的概念,并详细界定了非物质文化遗产的概念及其包括的范围。

根据《保护非物质文化遗产公约》定义,非物质文化遗产指被各群体、团体,有时为个人,视为其文化遗产组成部分的各种实践、观念表述、表现形式、知识、技能以及相关的工具、实物、手工艺品和文化场所。各个群体和团体随着其所处环境、与自然界的相互关系和历史条件的变化而不断使这种代代相传的非物质文化遗产得到创新,同时使他们自己具有一种认同感和历史感,从而促进了文化多样性和激发人类的创造力。非物质文化遗产所涵盖的内容包括:①口头传统和表现形式,包括作为非物质文化遗产媒介的语言;②表演艺术;③社会实践、礼仪、节庆活动;④有关自然界和宇宙的知识和实践;⑤传统手工艺。

非物质文化遗产概念中的非物质性的含义是与满足人们物质生活基本需求的物质生产相对而言的,是指以满足人们的精神生活需求为目的的精神生产这层含义上的非物质性。多数时候,非物质文化遗产以物化的形态呈现,所谓非物质性,并不是与物质隔绝,而是指其偏重于以非物质形态存在的精神领域的创造活动及其结晶。

各种形式的非物质文化遗产,如我国汉族的古琴、昆曲艺术,维吾尔族的木卡姆艺术,蒙古族的长调民歌等,都要靠表演者和一定的乐器、道具以及具体的表演过程这些物化的载体和表现形式才能呈现出来。然而,非物质文化遗产所重点强调的并不是这些物质层面的载体和呈现形式,而是蕴藏在这些物化形式背后的精湛技艺、独到的思维形式、丰富的精神蕴含等非物质形态的内容。那么,怎么区分物质遗产和非物质遗产呢?如"中国古琴艺术"被联合国教科文组织列入第一批人类口头和非物质遗产代表名录。在这里,古琴是物,它不是非物质文化遗产;古琴演奏家是人,也不是非物质文化遗产,只有古琴的发明、制作、弹奏技巧、曲调谱写、演奏仪式、传承体系、思想内涵等才是非物质文化遗产的本体。古琴艺术与古琴以及古琴演奏家之间的关系很好地说明了非物质文化遗产与其物质载体、物化形式之间的关系。

2.中国对非物质文化遗产概念的补充

《保护非物质文化遗产公约》所界定的非物质文化遗产的概念是面向世界各国、各种文化样式的,在很多方面并不完全切合我国的实际情况。所以,在联合国教科文组织公布《保护非物质文化遗产公约》之后,根据我国实际国情,国务院于 2005 年 3 月颁布了《国家级非物质文化遗产代表作申报评定暂行办法》,并对非物质文化遗产的定义重新做出了界定:非物质文化遗产指各族人民世代相传承的、与群众生活密切相关的各种传统文化表现形式(如民俗活动、表演艺术、传统知识和技能以及与之相关的器具、实物、手工制品等)和文化空间。涵盖的内容包括六个方面:①口头传统,包括作为文化载体的语言;②传统表演艺术;③民俗活动、礼仪、节庆;④有关自然界和宇宙的民间传统知识和实践;⑤传统手工艺技能;⑥与上述表现形式相关的文化空间。

从非物质文化遗产的概念及其涵盖的内容可以看出,非物质文化遗产主要表现为人们的生产和生活方式,虽然很多非物质文化遗产项目需要通过一定的物化形式得以呈现,但它主要的是一种不断传承的形式存在,并主要依赖传承人口传心授的方式传承。活态流变性是它的主要特征。而物质文化遗产则更多表现为固化、凝定的物质形态。从这一层面上说,如果将物质文化遗产称为固态文化遗产,与之相对应,非物质文化遗产则表述为活态文化遗产,会更鲜明形象地体现这类文化遗产的本质特征。

我国是统一的多民族国家,历史悠久、幅员辽阔、文化灿烂,具有悠久的文明史,积淀着十分丰富而又独特的优秀遗产文化。昆曲艺术、古琴艺术、新疆维吾尔木卡姆艺术和我国与蒙古国联合申报的蒙古族长调民歌最早被联合国教科文组织列入《人类口头和非物质文化遗产名录》。到 2012 年,我国又有传统桑蚕织技艺、京剧、皮影等 29 项遗产被列入《人类口头和非物质文化遗产名录》,羌族庆祝习俗等 7 项遗产被列入《急需保护的非物质文化遗产名录》。2006年5月20日，国务院批准公布了我国第一批国家级非物质文化遗产名录，包括518个项目，涉及758家保护单位。这些成绩都显示出中国丰富的文化遗产，以及中国人民积极推进非物质文化遗产保护的进程。

申请非物质文化遗产最大的作用是确认民族身份，它是"一个民族的身份证"。每一种文化代表自成一体的独特的不可替代的价值观念，因为每一个民族的传统和表达形式是证明其在世界上存在的最有效的手段。非物质文化遗产是中国历史的见证和中华文化的重要载体，蕴含着中华民族特有的精神价值、思维方式、想象力和文化意识，体现着中华民族的生命力和创造力。我国各族人民在长期生产生活实践中创造的丰富多彩的非物质文化遗产，是中华民族智慧与文明的结晶，是连接民族情感的纽带和维系国家统一的基础。

保护和利用好非物质文化遗产，对于继承和发扬民族优秀文化传统、增进民族自信心和凝聚力、实现经济社会的全面、协调、可持续发展具有重要意义。

二、非物质文化遗产的类型划分

探讨概念旨在认识非物质文化遗产本质，即回答非物质文化遗产是什么的问题；分析类型则旨在从内部区别非物质文化遗产，即回答非物质文化遗产内部各部分之间有什么不同的问题。

所以，类型分析是人类区分、认识对象的重要方法，所有成熟的科学研究都离不开类型分析。非物质文化遗产对象是复杂多样的，只有经过类型分析，我们才能准确、清晰地认识它们，才能建立规范、科学的非物质文化遗产理论体系，也才能有效地研究、传承和保护它们。

联合国教科文组织对非物质文化遗产概念的认识经过了曲折的历程，其对非物质文化遗产类型的认识也是如此。

联合国教科文组织有关非物质文化遗产的文件及其最终成果《保护非物质文化遗产公约》是这样分析非物质文化遗产类型的：一是以价值标准包括国际人权文件、相互尊重需要和可持续发展等限定下，把非物质文化遗产分为受《保护非物质文化遗产公约》保护的非物质文化遗产与不受《保护非物质文化遗产公约》保护的非物质文化遗产两类；二是以非物质文化遗产生存状况为标准，把非物质文化遗产分为濒危非物质文化遗产与非濒危的非物质文化遗产两类；三是以价值、存亡状况、实用性等综合标准，把非物质文化遗产分为"非物质文化遗产代表作"与其他非物质文化遗产两类。

另外,联合国教科文组织《保护非物质文化遗产公约》在对非物质文化遗产概念说明时,指出以下五种文化形态属于非物质文化遗产,这一表达也具有分析类型的意义。

· 口头传说和表述,包括作为非物质文化遗产媒介的语言;
· 表演艺术;
· 社会风俗、礼仪、节庆;
· 有关自然界和宇宙的知识和实践;
· 传统的手工艺技能。

我国政府对非物质文化遗产的分类,见于《国务院办公厅关于加强我国非物质文化遗产保护工作的意见》(国办发〔2005〕16 号)所附《国家级非物质文化遗产代表作申报评定暂行办法》第三条:"非物质文化遗产可分为两类:1.传统的文化表现形式,如民俗活动、表演艺术、传统知识和技能等;2.文化空间,即定期举行传统文化活动或集中展现传统文化表现形式的场所,兼具空间性和时间性",并指出非物质文化遗产的范围包括:

· 口头传统,包括作为文化载体的语言;
· 传统表演艺术;
· 民俗活动、礼仪、节庆;
· 有关自然界和宇宙的民间传统知识和实践;
· 传统手工艺技能;
· 与上述表现形式相关的文化空间。

可以看出,我国政府对非物质文化遗产类型的划分最初与联合国教科文组织大同小异,都是从非物质文化遗产概念界定和保护实践需要去认识非物质文化遗产类型的,只是列举或规定了一些非物质文化遗产形态,以便在实践中判断或保护非物质文化遗产,还不是一种有意的、科学的类型分析。

到了我国政府评审与公布第一、二、三批国家级非物质文化遗产代表作名录过程中,代表国家官方意志的非物质文化遗产"十大门类"的分类原则被确定下来并付诸实践。国家级非物质文化遗产代表作名录评审与公布所确定的非物质文化遗产十大门类分别是:

· 民间文学;
· 传统音乐(第一批名为"民间音乐",从第二批起改为现名);
· 传统舞蹈(第一批名为民间舞蹈,从第二批起改为现名);
· 传统戏剧;
· 曲艺;

· 传统体育、游艺与杂技(第一批名为"杂技与竞技",从第二批起改为现名);

· 传统美术(第一批名为"民间美术",从第二批起改为现名);

· 传统技艺(第一批名为"传统手工技艺",从第二批起改为现名);

· 传统医药;

· 民俗。

显然,十大门类是建立在传统学科分工基础上的,如文学与艺术之分,艺术中音乐、舞蹈、美术、戏剧与曲艺之分,杂技、竞技、传统手工技艺与民俗之分。正因为如此,这种分类对于非物质文化遗产代表作申报、评审在较短时间内迅速得以开展起了积极作用,容易被人们接受,可操作性强,但这种分类毕竟不是专门针对非物质文化遗产的,很难揭示非物质文化遗产各形态之间的真正差异。如从音乐学与曲艺学角度看,传统音乐与曲艺是不同的门类,但如果从非物质文化遗产学角度看,则同属于口传遗产。再如从民俗学角度看,物质民俗如房屋建筑、生产工具、生活工具等,与非物质民俗如节日、信仰等,都属于民俗学研究的范畴,而从非物质文化遗产学角度看,只有非物质民俗才真正属于非物质文化遗产学的范畴。

正因为如此,向云驹在《非物质文化遗产的若干哲学问题及其他》中就针对非物质文化遗产"以人为本"的文化特点,尝试以"人体文化"为基点,根据非物质文化遗产依赖于人体载体特性的不同,把非物质文化遗产分为以下四类:

· 口头文化(语言、口头文学、口技、口头艺术、山歌、传统声乐);

· 体形文化(体饰、形体、行为);

· 综合文化(口语为主、口语形体并重);

· 当下的造型文化(建筑术与建筑物、民间艺人传人造型技艺、艺术家造型艺术)。

显然,这一尝试是十分有意义的,至少表明了对非物质文化遗产的分类应该从非物质文化遗产自身特性出发,而不是简单套用现有学科的分类模式。当然,这个分类也存在一定问题,如第四类"当下的造型文化"就容易把文化遗产与当代文化、物质文化与非物质文化相混淆,因为当下的造型文化不仅仅是遗产,也不仅仅是非物质文化。

从非物质文化遗产自身实际出发,对其进行分类,这是非物质文化遗产类型研究的必由之路。非物质文化遗产是一种代际传承文化,人是非物质文化遗产的传承载体,精神创造与交流是非物质文化遗产创造与传承的基本方式,从人在创造与传承非物质文化遗产的方式来看,非物质文化遗产包括四个类型:口述非物质文化遗产、身传非物质文化遗产、心授非物质文化遗产、综合性非物质文化遗产。

(一)口述非物质文化遗产

口述非物质文化遗产是以口述形式创造和传承的人类遗产,即通过人的说、吟、唱等表达和传承的人声文化遗产,如口语、说书、相声、山歌等。

口述非物质文化遗产又称口述传统,有广义和狭义之分,前者指人类通过口述进行的一切传统活动及其内容,后者则专指人类口述进行的传统艺术活动及其内容,如神话、传说、歌谣、谚语、谜语、史诗、故事、口技、相声、评书、评话、谑语、山歌、传统声乐等的口述及内容。

据朝戈金的梳理,口头传统研究最初是从狭义的口头传统入手的。随后,在西方围绕"口头"与"书写"问题展开了一系列的论辩,论辩的焦点是口头传统与书写传统之间是否存在人类认知与现代心智的鸿沟。结构主义人类学家列维-斯特劳斯、传播学家麦克鲁汉、社会人类学家杰克·古迪以及古典学者埃瑞克·哈夫洛克都曾参与到这场论辩中来,并引发了多个学科的热烈反应和踊跃参与。"书写论"派认为逻辑思维(演绎推理、形式运算、高次心理过程)的发展取决于书写,"口头论"学则认为口头与书写在本质上都承载着相似的功能,它们在心理学上的差异不应过分强调。口头传统作为一个跨学科的兴起,可以追溯到18、19世纪的"大理论"时期。"浪漫主义的民族主义""文化进化理论""太阳神话学说"等理论,分别把口头传统看作一个民族的"档案馆"或"文化遗留物"。到了20世纪后,米尔曼·帕里和理查德·鲍曼进一步发展了口头传统研究,并使其具有了学科特征。哈佛大学古典学者米尔曼·帕里在研究荷马史诗时,提出荷马史诗必定是"传统的"和"口述的"的论断。随后,他的学生和追随者艾伯特·洛德将他所开创的学术方向进行了系统化和体系化调整成就了以他们两人命名的"帕里—洛德理论"("口头程式理论")。1970年标志着"民族志诗学"兴起的刊物《黄金时代:民族志诗学》面世,强调对无文字社会文化传统中的诗学研究。1986年民俗学家理查德·鲍曼在《故事、表演和事件:口头叙事的语境研究》中提出了"表演理论",认为表演是一种语言使用模式,以一种说话的方式支配着作为口头传统的语言艺术。此外,瓦尔特·翁的《口头性与书面型:语词技术化》和鲁斯·芬尼根的《书面性与口头性:传统技术研究》对口头传统理论作了进一步的丰富和发展。

到 20 世纪 90 年代后期，口述传统理论已成为西方学术界的显学，著述十分丰富，并影响到文学、史学、哲学、社会学、人类学、民俗学、政治学、传播学甚至自然科学史等各个领域。口头传统的研究不仅是对特定信息传播方式的研究，而且是对特定文化传统的研究。口头传统研究凸显了口头传统在文化类型学上的意义，为口述非物质文化遗产类型提供了依据。

口述非物质文化遗产具有一定体系性。从口述遗产的功能看，口述非物质文化遗产体系由口头语言遗产与口述文艺遗产两部分组成。

1. 口头语言遗产

所谓口头语言遗产，是指某一民族或地区的人世代通过口述形式传承的语言，如各民族口语、方言口语等。口头语言遗产与人类在生产、生活实践中使用的手势语、旗语、拟声、仿声、信号、记号和文字等语言形态一样，是人类传情达意的手段、工具。此外，作为一种文化遗产，口头语言遗产对人类还具有一些特殊的意义。

（1）人类发生学意义。语言是人类区别于动物的一个重要标志。《光明日报》上曾经登过这样一则消息，断言已经找到人类开口说话的起点。从事这项研究的是英国牛津大学遗传学专家安东尼·玛纳克教授领导的一个研究小组。他们的研究成果公布在近期的《自然》杂志上。该小组发现，老鼠和所有灵长类动物身上都有一种让语言表达"行不通"的属于 5% 最稳定遗传物质的 FOXP2 基因。在生物进化史上，在人类、黑猩猩和老鼠"分道扬镳"的十三亿年中，FOXP2 蛋白质只改变了一个氨基酸。而在人类和其他灵长类动物"人猿相揖别"的四百万到六百万年之间，两个语言基因中的氨基酸在人类身上却完成了突变，并最终成为遗传性基因。科学家们计算的结果是，这个关键性的基因突变发生在距今大约 12 万～20 万年之间。因此，口头语言文化遗产是人类发生学研究的重要资料。

（2）思维价值。语言是思维的外壳，不同的语言往往表现出不同的思维方式。口头语言遗产是研究人类思维的重要资料。一些地方仍保留着大量的原始口语或原始民族口语，这些口头语言往往表现为以直觉思维、形象思维、象征思维为特征的语言禁忌、语言象征等。

阿兰达部落有 7 种鹦鹉名称却没有"鹦鹉"一词，爱斯基摩人用 20 个不同词语称呼从冻结到融解不同状态的冰，印第安人用约 10 个不同词来称呼处于不同成熟阶段的玉黍。印第安人用狮子表示将士的勇猛，用鹰比喻眼光锐利者，而且"一切的度量都是借喻。当人们说一件东西有三尺二寸长，这就是说它的长度等于三只脚和两只大拇指"。

（3）记忆价值。与人们常说的"口说无凭"不同,现代学术研究表明,口语有两个重要特征:高度发达的记忆功能,忠实于事实具体细节的信念,二者互为因果。研究古代非洲帝国和非洲文明的著名学者 A.哈姆帕特·巴为了撰写《马西纳富拉尼帝国史》,曾耗费 15 年时间在非洲大陆广泛收集有关该帝国的历史传说,记录了至少 1000 人的讲述,最后他得出结论:"我发现,整个说来,这一千位陈述人尊重了事实真相,历史的主线处处相同。"

2.口述文艺遗产

所谓口述文艺遗产,是指人类在生产或生活实践中通过口述形式创造和传承的具有艺术审美特性的文化遗产。口述文艺遗产根据其内容与形式等的不同可分为以下几类。

（1）口头文学遗产。口头文学遗产主要指通过口述语言形式塑造文学艺术形象反映现实或表达情感的文化遗产,如神话、民间传说、传统故事、传统歌谣、民族史诗等。

口头文学遗产往往具有以下特点,一是采用纯粹口述形式创造和传承,即徒口讲说吟诵,不外带音乐、舞蹈、图像等视听形式;二是通过叙事或抒情来塑造文学形象,具有文学感染力;三是多为群体或集体创造和世代传承,具有群体性、历史性。

（2）口头技艺遗产。口头技艺遗产主要是指人采用独特的发声技巧模仿自然界或人类社会中的各种声音而创造、传承的人声遗产,这种遗产侧重展示人类利用自己的发音器官模仿外界声音的技巧和能力。

口技是口头技艺遗产的主要代表,又叫"像生"或"象声",即以口音摹仿各种人声、鸟声、市声等。

清末有个口技艺人"百鸟张"。百鸟张原名张昆山,辛亥年间在天桥及什刹海等处单人独技,露天拉场。开演之时,佐以手式,或用手掌自抚其口,或用指自按其腮。观众闭目倾听,如入羽族之市。开演之先,他用白土洒字,将所学的鸟类就地书明,以招顾客。学鸟声之外,更能效人之语声,有《醉鬼回家》《五子闹学》诸出。艺人"百鸟张"的表演表明,清末口技已有分化趋向,出现了明相声和暗相声之分。所谓明相声,就是揭去围幔,面向观众表演,成为视听结合的艺术。"隔壁戏"成了"当场戏",口技相声一变而成为相貌(表演)加声音(语言和仿声)的"相声"。

（3）口头文学与口头技艺双重遗产。口头文学与口头技艺双重遗产是指既强调人声发声技艺,又重视通过口述语言塑造艺术形象的文化遗产,如相声、说话等。

相声由口技发展而来,在仿声技艺基础上融入了文学与表演成分。

说话是在民间故事基础上发展起来的,到唐代加入书面创作后出现了"话本",形态也丰富起来。中唐元稹《酬翰林白学士代书一百韵》曰:"翰墨题名尽,光阴听话移",自注云:"乐天每与余游从,无不书名屋壁,又尝于新昌宅,说《一枝花》话,自寅至巳,犹未毕词也。"①白居易喜欢听说话,一次听讲李娃故事,从凌晨到近午,六七个小时没有听完。到了宋代,说话形态丰富。耐得翁《都城纪胜·瓦舍众伎》说:"说话有四家。一者小说,谓之银字儿,如烟粉、灵怪、传奇。说公案,皆是搏刀赶棒及发迹变泰之事。说铁骑儿,谓士马金鼓之事。说经,谓演说佛书。说参请,谓宾主参禅悟道等事。讲史书,讲说前代书史文传兴废争战之事。最畏小说人,盖小说能以一朝一代故事顷刻间提破。"②到了元代,说话又新叫"说书"。说话也有称为"评话""评书"的。说书艺人在表演中或者照话本、手抄本讲说,或者按提纲即兴表演。按写定本讲的叫"底事书"或"墨刻儿";以纲目即兴发挥加口传心授或"耳剽"而来的叫"路子书"或"道儿活"。直到今天,说书界还是推崇"道儿活",贬低"墨刻儿"。

(4)徒口音乐遗产。徒口音乐遗产主要是指人徒口创造或传承的具有旋律的人声文化遗产,强调人声的旋律性和节奏感。

民歌是徒口音乐遗产的代表,有山歌、渔歌、花儿、号子等多种叫法,是特定民族、区域、行业的人在生产、生活或民俗活动中创造和传承的音乐性人声文化遗产。民歌按功能分,可分为劳动歌、生活歌、仪式歌等类型。

劳动歌主要是指人们在生产劳动过程中用来表情达意的歌曲,如拉纤号子、车水号子、打粮号子、伐木号子、捕鱼号子等号子,以及田歌、牧歌、渔歌、猎歌等行业歌。生活歌主要是指人们在社会生活中形成的歌曲,包括相思歌、送郎歌、起誓歌类情歌和饮酒歌等。仪式歌主要是指人们在各种生产、生活、民俗仪式活动中演唱的歌曲,如祀神歌、哭嫁歌、丧葬歌等。仪式歌有几个特点:①多由一人主唱、主吟;②篇制一般较大;③多为叙事歌体。

徒口音乐遗产即无伴奏的人唱艺术,主要源头有三:一是口头语言和诗歌,它们的节奏、韵律具有音乐性;二是人体的节奏感和节奏音响,如呼吸、说话、劳动等节奏性;三是传情达意时的手势语、呼喊声、仿声等,奠定了口头歌唱的"歌唱"或"出声"的生理基础及物理条件。格罗塞说:"人类最初的

---

① ［唐］元慎撰;冀勤点校.元慎集[M].北京:中华书局,1982:116－117.

② ［宋］耐得翁撰.都城纪胜(外八种)[M].上海:上海古籍出版社,1993:7.

乐器,无疑是噪声。在文化的最低阶段里,很明显,声乐比器乐流行得多。"①民间徒歌是人类广为流传的一种音乐形式,如我国京族的唱哈节、壮族的三月三、西北的花儿会等都是歌唱的盛会。

(二)身传非物质文化遗产

表情达意是人类创造和传承文化的基本动力,从口语、嗟叹到咏歌,再到舞蹈,既表明了口述文化遗产的发展阶段,也表明了由口述遗产到身传遗产发展的演变历程。

身传非物质文化遗产是指人通过自身身体的局部或整体运动来创造或传承的技艺性文化遗产,如传统舞蹈、传统书法、传统手工艺等。从某个意义上讲,口述非物质文化遗产也可归属于身传非物质文化遗产,因为人的发音器官本身是人体的一部分,口述非物质文化遗产是通过人身体的一部分即发音器官的运动而创造和传承的。但从人体运动所产生结果即非物质文化遗产的特性来看,口述非物质文化遗产与身传非物质文化遗产的区别还是十分明显的。口述非物质文化遗产是一种人声遗产,遗产的意义是通过声音符号流动来表达和传递的,是一种时间的听觉的文化。身传非物质文化遗产则是一种人体动态遗产,遗产的文化意义蕴含在人体的运动中,是一种空间的视觉的文化。

根据身体运动的形式和效果来分,身传非物质文化遗产可以分为形体技艺遗产与行为技艺遗产两大类。

1.形体技艺遗产

形体技艺遗产是指人类在生产、生活实践中逐步形成的以人体自身运动形态来创造、表达和传承的文化遗产。人类的直立行走、手的动作与手势,身体的曲直扭动、体态体势语言等是形体技艺遗产形成和发展的基础,人类生产、生活的功利性需求与娱乐、审美的非功利性需求分化则是形体技艺遗产分化为形体艺术与形体竞技的内在动力。

(1)形体艺术遗产。形体艺术遗产是指人借改变身体状态来叙事抒情、表达意志,满足人类娱乐、审美等非功利性需求为目的的身体运动技艺,形体的空间造型与艺术表达是形体艺术遗产的核心。这类遗产以舞蹈、舞剧为代表。舞蹈是通过人体有节奏的动作形象地模仿、再现现实或抒情的空间艺术。舞剧是通过人体动作、表情扮演角色的综合表演艺术。

---

① [德]格罗塞;蔡慕晖译.艺术的起源[M].北京:商务印书馆,1984:217.

（2）形体竞技遗产。形体竞技遗产是指借改变身体状态以满足人类竞技等功利性需求目的的身体运动技艺。展示人体运动的特技、力量、灵巧是形体竞技遗产的核心。传统杂技、传统武术与传统体育等是形体竞技遗产的代表。

2.行为技艺遗产

行为技艺遗产是指人通过自身行为改变对象原有形态而创造、表达和传承的文化遗产。行为技艺遗产与形体技艺遗产有共同点：一方面，二者都是技艺遗产，技艺是其遗产的核心；另一方面，二者的创造、表达与传承都离不开人体运动，是身传遗产。但是二者的区别也是十分明显的，形体技艺遗产主要依靠人体运动形态来表现，是人体的空间造型和意义表达；而行为技艺遗产主要依靠人体运动所作用的对象状态来表现，是对象的空间状态和意义表达。

根据人行为技艺改变对象的目的，我们可以把行为技艺遗产分为艺术技艺遗产、生产技艺遗产、生活技艺遗产、民俗技艺遗产和其他技艺遗产五类。

（1）艺术技艺遗产。艺术技艺遗产指人作用于对象的技艺性行为以生产艺术或艺术产品为目的，如传统的器乐演奏技艺、绘画技艺、书法技艺、工艺刺绣技艺、艺术雕刻技艺等。

（2）生产技艺遗产。生产技艺遗产指人作用于对象的技艺性行为以生产农业或工业产品为目的，如农业耕作技艺、渔业生产技艺、纺织技艺等。

（3）生活技艺遗产。生活技艺遗产指人作用于对象的技艺性行为以生活或生活产品为目的，如传统烹调技艺、传统刺绣技艺等。

（4）民俗技艺遗产。民俗技艺遗产指人作用于对象的技艺性行为以民俗活动或民俗产品为目的，如飘色绑扎技艺、祭祀面品制作技艺、祭祀活动技艺等。

（5）其他技艺遗产。其他技艺遗产指人作用于对象的技艺性行为以生产、艺术和民俗之外的需求为目的，如中医的针灸、推拿技艺等。

（三）心授非物质文化遗产

人类对非物质文化遗产的创造与传承，除了口述、身传方式外，还有一种重要的方式，那就是心授。

心授非物质文化遗产，是指主要通过人的观念来潜移默化地表达或传承的文化遗产。心授非物质文化遗产是观念、信仰、心理等抽象的精神文化，如民间信仰、民族心理、传统节日等。

心授非物质文化遗产与口述、身传非物质文化遗产有一定联系：一方面，口述、身传非物质文化遗产创造、表达和传承的过程深受心授非物质文化遗产的影响；另一方面，心授非物质文化遗产的表达和被感知也离不开口述和身传的行为。

但是，心授非物质文化遗产与口述、身传非物质文化遗产仍然有本质的区别。口述、身传非物质文化遗产的对象是人创造、表达和传承文化的口述与身传行为本身，而心授非物质文化遗产的对象则是人口述与身传行为背后的思想观念、心理等。

（四）综合性非物质文化遗产

综合性非物质文化遗产主要是指通过两种或两种以上方式创造、表达、传承的非物质文化遗产。

根据创造、表达和传承的方式，综合性非物质文化遗产可分为四种：一是口述与心授并重的非物质文化遗产，如各种讲唱表演；二是口述与身传并重的非物质文化遗产，如说演表演、伴乐演唱；三是身传与心授并重的非物质文化遗产，如伴乐舞蹈、仪式舞蹈等；四是口述、身传、心授并重的非物质文化遗产，如传统戏剧表演，传统歌、舞、仪式等融为一体的民俗活动等。

1. 说唱表演

说唱表演是一种丰富复杂的表演形态，或者以非常醒目的音乐伴奏、伴唱完成表达与传承；或者以唱为主要手段，成为一种人声歌唱，在歌唱中叙事、抒情。它是比口头艺术、说演艺术更为音乐化的表演形态，如巫术说唱、史诗讲唱、说唱表演等。

2. 说演形态

说演形态是一种介于徒口表演与说唱表演之间的表演形态，以口头讲说为主，辅以器具伴奏。它是说话表演进一步艺术化的结果。在说上，它弃用散文体的口述，借助韵律、格律，使语言韵体化；在伴奏上，它强化韵律、吟诵的节奏，但又不是音乐和歌唱，如数来宝、三棒鼓、莲花落、金钱板等。

3. 伴乐舞蹈

伴乐舞蹈是一种把舞蹈与伴奏音乐相结合的表演形态，以舞蹈为主，辅以器具伴奏。它是舞蹈表演进一步发展的结果。在舞蹈上，它较无伴奏舞蹈更注重韵律、节奏感,使舞蹈动作更具有艺术化;在伴奏上,它强化了舞蹈的节奏,使音乐成为舞蹈表现力的组成部分,如少数民族的铜鼓舞、古代宫廷的乐舞等。

4. 戏剧表演

戏剧表演是人借助各种手段扮演角色的综合表演。它的形态十分丰富,从人扮演角色方式言,有人戏和偶戏、影戏;从扮演手段言,有说白戏、唱戏、动作戏、综合戏等;从演剧功能言,有仪式剧、娱乐剧、艺术剧等。

第二节 非物质文化遗产的特点与价值

一、非物质文化遗产的特点

非物质文化遗产作为概念、对象被单独提出,不是指在现实中出现了一种新的文化,而是赋予原有的文化形态一种新的认识、新的分类。这种认识和分类把非物质文化遗产从原有的文化范畴和遗产范畴中分离出来,并使其具有了特殊的意义和价值以及与其他文化不同的特征表现。

非物质文化遗产是人类的特殊遗产,它的特殊性既表现在其内在规定性上,又表现在其外部形态上;既有个性,又有共性。就具体的非物质文化遗产而言,其内在规定性与外部形态都是特殊的,其个性表明了非物质文化遗产内部的差异性;就整个非物质文化遗产来看,其内部规定性与外部形态具有一定共性,其共性决定了非物质文化遗产内部的统一性,也决定了其与其他文化遗产相比的差异性,即传承性、实践性、无形性、多元性和活态性等特征。

(一)传承性

遗产是人类前代遗留下来且被后代认为具有价值而享用或延续的财富。处于代际传承中的财富是遗产的本质,代际传承不仅显示了遗产特有的时间持续状态,而且也表明遗产所具有的特殊属性,那就是可传承性。非物质文化遗产的传承性,就是指其具有被人类集体、群体或个体一代接一代享用、继承或发展的性质。非物质文化遗产的传承性由其遗产的本质所决定。

作为遗产的一种属性,传承性不仅属于非物质文化遗产,也属于物质文化遗产,非物质文化遗产与物质文化遗产在可传承性上是有共性的。虽然这不是本节所要探讨的核心问题,但要认识非物质文化遗产在传承方面的特殊性,就不能不先认识其与物质文化遗产传承性方面的共性。

非物质文化遗产与物质文化遗产在传承上的共性表现为:

第一,非物质文化遗产与物质文化遗产都具有可传承性,即作为人类集体、群体或个体创造的财富能被后代人认同且愿意传承。当然,并不是所有人类创造的财富都能被后代人认可且传承,也就是说,并不是所有的财富都能成为遗产。在作为遗产的物质财富与非物质财富当中,当因价值认同而被后代集体、群体或个体享用、保护和继承的时候,这个文化财富就被赋予可传承性。如作为世界遗产代表的法国铁塔,我国的殷墟遗址、秦始皇兵马俑、长城、故宫等,它们之所以成为遗产、具有传承性,不仅仅因为它们是前代遗留的创造物,而且是因为这些创造物具有被后代人所认可的价值和意义,且愿意并实际传承了它们。它们身上所积淀的历史记忆和人类的创造力、想象力和审美力,对后代仍具有影响力,成为后代学习历史,发展自己创造力、想象力和审美力的基础。同样,非物质文化遗产如我国的昆曲、古琴艺术、新疆木卡姆、蒙古长调等,之所以能够流传至今,正是后代人在其中获得了价值满足,从而赋予了它们以传承性。所以,物质文化遗产与非物质文化遗产都具有可传承性,这是由前代人在创造它们的时候赋予的价值延续性决定的,这种价值延续性使它们具有了可传承的性质。

第二,非物质文化遗产与物质文化遗产在传承过程中都是以物质为载体的。尽管二者是本质不同的文化遗产,在存在形态上有很大区别,如物质文化遗产以具体有形的“物质”形态存在,表现为像器皿、工具、建筑等具体的物质;非物质文化遗产以抽象无形的“非物质”形态存在,如仪式、工艺和艺术等。但非物质文化遗产与物质文化遗产在具体传承过程中,传承的载体都是物质的。物质文化遗产本身是“物”,这个“物”既是本体又是载体,本体与载体合二为一;这个“物”是人化物,即马克思所讲的被人改造或精神关照的自然物。非物质文化遗产虽然表现为一种艺术、工艺或精神,但其在传承过程中往往以“人”这个特殊的物为载体,人是这种文化的创造者、传承者和享用者,同时又是这种文化的天然载体。没有人这个载体,非物质文化遗产是无法存在的,自然也是无法传承的。

第三,非物质文化遗产与物质文化遗产在传承过程中都要保持一定的稳定性。就是说某种非物质文化遗产或物质文化遗产经过代际传承后,它的本质不能发生变化。当一个事物的量的变化突破了度的范围,该事物就会发生质变,也就是变成另一个事物。文化遗产传承是同质传承,不是新事物代替旧事物,这是遗产传承的基本要求。这种稳定性对于物质文化遗产而言,就是保持遗产本身的完整性、原真性。比如说祖先留下景德镇瓷器文物,传承的稳定性就体现为原样地继承和保存这个瓷器,在继承和保存过程中不能改变这个瓷器的原有面貌;对于非物质文化遗产而言,就是保持遗产的本质的不变,如昆曲本质是一种用昆山腔表现的戏曲艺术,后代人在传承过程中可以丰富这种表演和声腔,但是不能改变这种本质,这就是稳定性。质的稳定是事物保持其自身的根本要求,也是遗产传承性的内在要求。

当然,要探讨非物质文化遗产的传承性,关键还是要探讨其与物质文化遗产相区别的特殊性:

首先,非物质文化遗产在传承方式上具有无形性。非物质文化遗产与物质文化遗产传承的载体都是有形的"物质",非物质文化遗产的载体是人,物质文化遗产的载体是"物"。但由于二者本质及载体"物质"的特性不同,二者在传承方式上有很大区别。物质文化遗产的传承载体是"物",即人化物,包括人的创造物,如工具、建筑、物品等,也包括被人的精神关照的自然物,如自然遗产等。它们之所以对人类产生意义,就在于其中凝聚了人的创造力、想象力和审美力,是和人类息息相关的具体物质。这些物质既是物质文化遗产的本体,又是载体,它们的传承实质是人类的代际之间进行的"物"的传递,因而物质文化遗产的传承总是和"物"密不可分,是"物"的平移运动,是有形的、具体的。非物质文化遗产的传承载体是具有能动性的"人",这个"人"既是非物质文化遗产的传承者、享用者,又是非物质文化遗产的创造者。非物质文化遗产的本质是其创造者和传承者共同参与的一种精神实践,因此非物质文化遗产传承往往是对这种实践中精神文化的传递,传承载体与传承对象是分离的,传承过程是通过代际之间人与人的精神交流,即口传身授、观念或心理积淀等形式进行的。所以非物质文化遗产的传承方式是抽象的、无形的。

其次,非物质文化遗产传承方法具有多元性。物质文化遗产是一种静态遗留物,是人类过去特定历史文化的记忆凝聚物。如我国战国时期的青铜器,既是一种实用、美观的有形物,又积淀了战国时期人的实用观、审美观和器物铸造艺术等无形文化的记忆。有形物与无形记忆的结合,使其成为后代人眼中的物质文化遗产。传承这类物质遗产,既要传承有形物,又要传承无形记忆,而对无形记忆的传承必须以传承有形物为前提,必须保证载体本身的存在和完整,才能最大限度地传承它所体现的文化记忆。一句话,物质文化遗产的传承是由物见文。这样的传承目的和传承特点要求物质文化遗产在传承方法上通过人控制环境来保存、保管和展览遗产，使得物质文化遗产能够完整地传承，这种方法就是目前最通用的"博物馆法"。非物质文化遗产是一种活态遗留，其本质是贯穿于代际的一种精神。这种精神首先体现于祖先的创造活动中，后代在重复祖先这种活动中传承和发展其中的精神文化。非物质文化遗产中所体现的精神记忆是人类不断更新和叠加起来的历史的文化记忆。如我国的昆曲艺术，其唱做念打的表演艺术，既是历史的又是当下的，既有几百年前的旧因子，又有新的元素。再如我国的传统节日，如春节、端午节等，既有传统的元素，又有不断增加的新元素。所以，非物质文化遗产的传承在方法上就不能只用传统的"博物馆法"。博物馆可以保护非物质文化遗产中的物质的器具，以及物化的非物质文化记录材料等。对于那些仍然活着的、具有生命力的非物质文化遗产，在传承方法上只能运用切合其发展和更新规律的动态方法，即按照自己的规律让它保持生命力。由于非物质文化遗产是复杂多样的，所以保持非物质文化遗产生命力的方法自然不是一成不变的，而是多元的。

再次，非物质文化遗产传承过程具有专门性。物质文化遗产的传承主要是对物质文化遗产本身的整理、保存、保管和保护、展览等，要完成这些传承工作，传承人需要掌握一定的知识和技能，如敦煌壁画的传承人，需要掌握壁画色变、除潮、防光、防腐等知识和壁画修复技术。但值得注意的是，物质文化遗产传承人或相关工作者所掌握的有关物质文化遗产整理、保存、保管和展出的知识与技能，与前代人创造这些文化遗产的知识与技能有的有关系，有的没有关系，不具有必然的联系。传承故宫的人不一定要能够修建故宫，传承牙雕工艺品的人不一定要会制作牙雕工艺品，物质文化遗产的传承人与其创造者可以是分开的，不具有必然的联系。非物质文化遗产的传承主要是对遗产所包含的艺术、观念、技艺等精神的传承，非物质文化遗产的传承者同时又是其创造者，如牙雕工艺的传承人，就不能只是一个牙雕工艺品的收藏者，而应是一个掌握了牙雕工艺且从事牙雕活动的人。同样，影戏传承的内容包括制皮、雕镂、操纵、演唱、伴奏等技艺及其道具，所以影戏的传承人就不仅是影戏道具的保管员，还应该是能够制作和表演皮影的创造者，需要专门的影戏知识和技能。所以，非物质文化遗产传承对传承人有特殊的要求，那就是传承人必须是这种遗产的从事者、创造者之一，否则他就无法胜任传承这种遗产的使命。

最后，非物质文化遗产传承结果具有变化性。前面已言，物质文化遗产与非物质文化遗产在传承时具有一个共性,那就是必须保持质的稳定性,这是遗产在传承中保持自身的基础。但在保持质的稳定性上,非物质文化遗产与物质文化遗产又有不同的表现。物质文化遗产的传承,不仅要保持质的稳定,而且要保持量的不变,以遗产不变为最高追求。保护和传承者总是尽量保证物质文化遗产的原有状态不被改变,如对中国长城、兵马俑、故宫,法国埃菲尔铁塔,埃及金字塔等遗产的传承,往往以遗产原态(除了自然和人为灾祸)进行,传承者不能也不会对遗产本身形态随意改变。无论是联合国教科文组织《世界遗产公约》之类的国际法,还是各国文物法规都在相同或相似的规定中体现了这个精神。非物质文化遗产传承则不同,它在保持质的稳定性的基础上,不仅不反对变化,而且鼓励变化,因为创新是非物质文化遗产的生命。昆曲历经几百年的传承,尽管仍保有其昆山腔特征,却是在不断变化的,由最初的民间清曲小唱,至明嘉靖、隆庆年间魏良辅等人改革形成的委婉细腻、流利悠远的"水磨调",到明万历年间传播到各地形成了众多流派且成为诸腔之首,再后来传入北京形成明天启初至清康熙末的一百多年的蓬勃发展期,最后形成了独特的戏曲表演体系。同样,流传至今的春节等节庆和其他一些民俗都在传承中蕴含着变化,在变化中被继续传承。

所以,非物质文化遗产与物质文化遗产一样都具有传承性,而且在传承的可传性、物质载体性、本质稳定性等方面有一定的共性,但非物质文化遗产在传承方式、方法、过程和结果等方面则具有无形性、多元性、专门性和变化性等特点,这些特点都是非物质文化遗产本质的具体体现。

(二)实践性

非物质文化遗产的实践性是指非物质文化遗产的产生和发展都离不开人类实践,是人类创造能力、认知能力和群体认同力的集中体现,是人类实践活动的重要内容。这一特性是由文化的内容决定的。文化被人们广泛地运用以至很难有统一的内涵,但有一点可以肯定,那就是,无论哪种文化都是人类实践的产物,其发生与发展都离不开社会实践,也就是说,文化具有实践性。

非物质文化遗产与物质文化遗产都属于文化遗产,都是人类实践活动的产物,所以二者都有实践性。但相对于物质文化遗产,非物质文化遗产的实践性有自己的特殊性。非物质文化遗产实践性的特殊性体现在人类实践的过程性、价值性、多元性、综合性和集体性等方面。

1. 人类实践的过程性

所有的文化遗产都是人类实践活动的结晶,但是从文化遗产生成和传承来看,不同的文化遗产与人类实践结合的方式是不相同的。物质文化遗产作为"人化物",是人类社会实践活动的结果,它的生成和传承往往具有事后性,遗产的意义是在遗产创造与传承实践结束后才获得的。如故宫作为物质文化遗产,它的意义不是在其设计、建筑过程中,而是建成以后作为遗产传给后人后才获得的。所以,物质文化遗产与人类社会实践的结果相关联,相对于创造和传承它的实践而言,具有事后性。非物质文化遗产作为人类的"精神",它本身存在于人类实践活动之中,它的生成和传承都离不开具体的实践。如戏剧的唱做念打艺术,作为非物质文化遗产的存在,不是在戏剧表演结束之后才生成的,也不是在戏剧表演之后才进行传承的。它的生成与传承都在具体的戏剧表演过程之中,离开戏剧表演的实践活动本身来谈戏剧的表演艺术是没有意义的。其他的非物质文化遗产,如手工工艺、舞蹈表演、音乐表演、信仰仪式等,它们的生成、存在和传承,也都离不开具体的实践活动。实践是它们得以生成、存在和传承的基础,这些非物质文化遗产就体现在具体的实践之中。所以,相对于物质文化遗产的事后性,非物质文化遗产具有过程性,它贯穿于人类创造和传承非物质文化遗产的实践过程之中。

2. 人类实践的价值变异性

任何文化遗产的创造与传承都离不开价值追求,价值反映主体的人的需要与客体的对象的属性之间的关系的哲学范畴。从价值主体的角度来看,不同价值主体对同一对象的价值追求是不同的。具体体现在文化遗产中,那就是从文化遗产生成和传承主体来看,文化遗产的生成主体与传承客体对遗产的价值追求有所不同。物质文化遗产的生成和传承体现了不同实践主体的价值诉求,生成实践主体诉求的主要是"物"本身的现实价值,传承主体诉求的则主要是"物"背后的历史文化价值;非物质文化遗产的生成和传承动力,虽然也由不同的实践主体价值诉求来体现,但因为生成主体和传承主体所诉求的文化遗产都贯穿在相同或相似的实践过程中,故他们的价值诉求具有一定的连贯性和一致性。所以,非物质文化遗产实践性具有价值连贯性特点,是人类实践价值的具体体现。

3. 人类实践的多元性

从文化遗产生成和传承形态来看,非物质文化遗产是通过人类实践来生成和传承的,而人类实践是多元的,有物质生产实践、精神生产实践、处理人与人关系的实践等,其中每一种实践都可以生成和传承丰富多样的非物质文化遗产,因而,非物质文化遗产的实践性还具体表现为人类实践的多元性。

4.人类实践的综合性

从文化遗产的构成内容来看,非物质文化遗产体现了人类实践的综合性。每一种非物质文化遗产都是各种因素的综合体。神话传说往往与祭仪、典礼、说唱相结合,民族史诗往往与说唱、歌舞相结合,舞蹈从未与音乐、装扮、器乐等分离过,戏剧更是文学、音乐、舞蹈、美术等的综合体。至于节日、民俗庆典、仪式等皆是如此。所以,非物质文化遗产的实践性具体表现为人类实践的综合性,向云驹将其概括为三种形态:形式综合(艺术形式的综合运用,物质和非物质形态的综合)、功能综合(多功能、多效应的综合,往往是非自觉的)和参与者的综合(群体参与、分年龄段参与、分性别参与及不分男女老幼的共同参与;分角色、分扮演、分工、分职责的参与等等)。①

5.人类实践的集体性

就文化遗产创造者、享用者和传承者而言,非物质文化遗产与人类实践活动一样,是一种体现集体观念的集体行为的反映。这种集体可以是一个村落、一个地区、一个民族甚至一个国家。非物质文化遗产的创作往往是多个人共同完成的,是集体创作。这种集体创作既是同时代的人共同创造的,又是不同时代的人不断完善、发展的,而且,一种遗产的展示本身就需要多人共同完成。此外,个人、个性化的创造也只有加入到集体传承和集体形态中,才能成为非物质文化遗产的有机组成,在表象的深层构筑起一道"集体无意识"的风景。

总之,非物质文化遗产与其他文化遗产一样,具有实践性特点,具体表现为人类实践的过程性、价值性、多元性、综合性与集体性,所以,从人类实践角度考察非物质文化遗产,是理解其特征的一把钥匙。

(三)无形性

日本曾提出"无形文化财""非文字文化财"等概念,以与"有形文化财""文字文化财"相对应,这对联合国教科文组织提出非物质文化遗产概念产

---

① 向云驹.非物质文化遗产的若干哲学问题及其他[M].北京:文化艺术出版社,2017:68.

生了影响。其实,日本的"无形"观念源自中国传统文化。中国经典《易》《老子》《庄子》很早就已构建了"有和无""有形和无形"等对立范畴。老子认为:无生有,无形乃有形之根。"天下万物生于有,有生于无。"(四十章)"视之不见名曰夷,听之不闻名曰希,搏之不得名曰微。此三者不可致诘,故混而为一。其上不嗷,其下不昧,绳绳不可名,复归于无物。是谓无状之状,无物之象,是谓忽恍。迎之不见其首,随之不见其后。执古之道,以御今之有。能知古始,是谓道纪。"(十四章)老子所理解的无、无形并非绝对的"无""无形",而是"道"及其表征。日本的"无形"也并非一种绝对"无形",而是从人不能直接感知的角度提出的。

中日的"无形"观比较准确地揭示了非物质文化遗产的存在特征,即是一种变动的、抽象的和依赖于人的观念、精神的存在。当然,有人由此而提出所谓的"无形就是非物质"则是错误的。

物质与非物质概念是从存在与思维关系的角度提出的。物质是一种不依赖于人的思维客观存在的,其本质是无形的,但物质总是体现在并通过各种具体的物体形态呈现出来,这些具体的物质严格来说都是有形的,只因为人感知觉的能力的有限性而对一些物质形态无法感知,于是人们以无形来描述它们,如细菌、氧气等。非物质则是一种依赖于人的思维存在的,这种存在是无形的。有形和无形的概念主要依据人能否直接感知到事物形象而得出。物体是有形的,但因为人的直接感知能力无法感知所有物体,便产生了有形物体和无形物体之分别。在本体意义上讲,物质是无形的;非物质也是无形的,但有时却通过有形的物体作为自己存在的载体。

物质文化遗产是具体的文化物质,即人化自然物或人工制造物,文化与物料是其中两个有交集的元素,离开文化的物料和离开物料的文化都不能称为物质文化遗产。所以,物质文化遗产与其他文化不同,就在于它的物质性;与其他物质不同,就在于它的文化性。文化性决定了物质文化遗产的价值性,物质性则决定了物质文化遗产的有形性。

非物质文化遗产是抽象的文化思维,它存在于人们的观念,且随着人们观念的变化而变化,如知识、技能、表演技艺、信仰、习俗、仪式等,所以从本质意义上讲,非物质文化遗产是无形的,一方面它不像物质文化遗产那样是有形可感的物体,另一方面它不像物质文化遗产那样稳定。所以,非物质文化遗产在传承上就具有与物质文化遗产不同的特点,不只是通过物本身而主要是通过人的活动来进行。

我们还应看到,非物质文化遗产本质的无形性并不排斥其在存在和传承时的有形性。比如,剪纸艺术是非物质文化遗产,是无形的,但它的表现和传承却是通过工艺品和艺人等具体物、人或人的活动进行的,而这些物、人和人的活动却又是具体、有形的。再如,春节习俗是一种非物质文化遗产,它在一代又一代中国人观念中存在,是无形的;但它又是通过特定时间、特定人的活动来展示和传承的,因而又是有形的。尽管这些有形的物质并不是非物质文化遗产本身,却可以帮助人们理解无形的非物质文化遗产。

总的来说,与物质文化遗产存在的有形性相比较而言,非物质文化遗产具有无形性特征。

(四)多元性

非物质文化遗产包括口头传说和表述,表演艺术,社会风俗、礼仪、节庆,有关自然界和宇宙的知识和实践,传统的手工艺技能等形态。这表明非物质文化遗产具有多元性,即不同的非物质文化遗产或同一种非物质文化遗产在不同时期、不同地域表现出来的形态都不相同。

任何文化都有多元性,但非物质文化的多元性有自己的特殊性。它不仅表现为不同地区、种族、信仰的群体、个体的非物质文化遗产不同,而且表现为同一地区、种族、信仰的群体、个体在不同时期的非物质文化遗产也具有不同的形态。整个人类非物质文化遗产的形态是多元的。

同样,同一种非物质文化遗产在不同历史时期、不同地域的存在形态也是有区别的,如宋代影戏、明清影戏与当下影戏都是有很大区别的;在当下影戏中,陕西皮影、滦州皮影和潮州皮影也各有不同的形态。再如,明代传奇中的余姚腔、海盐腔、弋阳腔和昆山腔四大声腔,京剧中的京派、海派;古琴中不同时代、不同地区的不同派别:南宋时的浙派,明末的虞山派,清代的广陵派和近代的闽派、岭南派、川派、诸城派等等,都体现了不同时代、不同地域艺术派别的不同风格。不同的风格又更加丰富了各种表演艺术的表现力。

此外,不同风格、素养的非物质文化遗产传承人也会导致非物质文化遗产的多元性与多样性,如不同派别中具有代表性的表演艺术家又常常以他个人的气质、修养和独到的艺术创造而丰富了本派艺术的风格,使之得以发扬光大,传承后世。京剧中的京派、海派发展到后来已不仅仅是地域的区别,梅派更是因梅兰芳大师的扮相美、服饰美、唱腔美、身段美和表演美等特点而自成一派。

总之,多元性是非物质文化遗产的重要特征,联合国教科文组织制定

《保护非物质文化遗产公约》的宗旨就是建立在非物质文化遗产具有多元性的基础之上的,保护不同国家、民族、地区文化遗产的多元性共存,是人类文化可持续发展的保障。

(五)活态性

非物质文化遗产的多元性、变化性,说明它是一种"活态"文化。这种"活态"性,在非物质文化遗产的口头传说和表述及其语言、表演艺术、社会风俗、礼仪、节庆以及传统工艺技能等遗产中表现得尤为突出,它们的文化内涵是通过人的活动表现并传达给受众的。这一点与物质文化遗产有明显不同。物质文化遗产的文化内涵是通过人的研究、挖掘、探索等取得认知、启示出来,然后以不同形式传递给受众。这种认知和启示往往受到时代的局限,受到当时的认识能力和学术水平及科技发展所提供的认知技术手段等的局限。非物质文化遗产的文化内涵基本上是通过人的活动展现出来,直接传达给受众(或物体)的。它在传达给受众时往往还会有互动,如表述中的语言交流,又如表演艺术的表演者在表演精彩之处,受众(观众)会鼓掌,甚至会欢呼。这些都是物质文化遗产所不具有的。

非物质文化遗产中的传说、表述、表演者和传统工艺技能的操作者,是非物质文化遗产"活态"文化创造的主体,最具有能动性,处于"活态"文化的核心地位。他们在不同时期、不同地域、不同场次或场景的表述、表演和技能操作,都会有所发挥,都是一种新的创造。同一个戏曲剧目,不同剧种的表演会有所不同。即使是同一剧种,不同表演者的表演如表情、念白、唱腔、手势、体态,或者唱、做、念、打都不同,因此形成不同的艺术流派。同时,这些活的表述、表演,还会随着不同时期、不同地域、不同场次或场景等变化而有新的变化。时代的前进与社会的发展,对表述、表演艺术都会有不同的影响,从而出现不同的面貌。

例如,京剧艺术是我国民族戏曲艺术的代表,是中华民族非物质文化遗产的杰作之一。在其两百多年的历史长河中,涌现出一大批杰出的表演艺术家,有被列入"京剧三鼎甲"的程长庚、余三胜、张二奎,有被誉为"京剧新三杰"的谭鑫培、汪桂芬、孙菊仙,有承前启后的"余派"创始人余叔岩,有世人瞩目的"四大名旦"梅兰芳、程砚秋、荀慧生、尚小云等,有戏路宽广的武生宗师杨小楼,有"四小名旦"之称的李世芳、张君秋、毛世来、宋德珠,有被称为"南麒北马"的周信芳、马连良,有被誉为"活武松"的盖叫天和被誉为"十净九裘"的一代京剧铜锤花脸裘盛戎。他们的表演艺术各有千秋、各具特色,对京剧表演艺术作出了巨大贡献,使京剧成为我国戏曲表演艺术百花园中"鲜艳"的奇葩。

如果我们从"活态"性这一特性出发,考察非物质文化遗产及其地域性、民族性、文化多样性等,就会发现它与物质文化遗产通过其时空定格、物质化的固定形态所表现的文化内涵的地域性、民族性、文化多样性等在形态上完全不同。进而言之,对物质文化遗产文化内涵的研究,是从"物"见"文";而对非物质文化遗产文化内涵的研究,是从"传承人的传承活动"见"文"。

非物质文化遗产的活态性,还体现为非物质文化遗产在传承、传播过程中的变异、创新,这种变异、创新的内在动力是由非物质文化遗产的性质决定的,是内在的、必然的,是以不同传承者、享用者参与创造,展示出他们超出个体智慧、能力的创造性;外在原因则是当这种文化遗产进入异时、异域、异族时,不变异、不创新就无法传承和流传,是为发展需要而必须的变异、创新。

可见,"活态"性是非物质文化遗产的本质形态和生命线,也是非物质文化遗产的重要特征之一。

二、非物质文化遗产的价值体现

非物质文化遗产被联合国教科文组织作为一个重要问题提出来,并通过《保护非物质文化遗产公约》要求在世界范围内开展相关保护工作,是建立在对非物质文化遗产价值认识和价值诉求的基础之上的。

其实,非物质文化遗产作为一种人类的文化遗产,早在人类蒙昧时期就已经出现并被人类按照追求价值的规律享用和传承。当下,人类对非物质文化遗产的宣传和保护,仍然是出于价值追求的考虑。

价值是一个反映客体属性能否满足主体需要的哲学范畴。一般而言,如果客体属性能够满足主体需要,那么,该客体对于该主体而言就是有价值的,反之则不然。

这样,判断是否有价值及价值层次、大小,就必须综合考虑三个要素:客体属性、主体需要、主客体关联度。客体属性是指作为价值客体的人或物的能力或功能等。从客体属性能否满足主体需求及满足的程度、层次,可以判断该客体是否有价值以及价值的大小、价值层次等。主体需要是指作为价值主体的人在实现自我意识与生命发展过程的各种物质性和精神性需求。按照美国心理学家亚伯拉罕·马斯洛于 1943 年在《人类激励理论》论文中提出的"马斯洛需求层次理论",人的需求从低到高共有五个层次,依次为

"生理需求、安全需求、归属与爱的需求、尊重需求和自我实现需求"。从主体需求能否被满足、所满足需求的层次和满足的程度,也可以判断客体是否有价值及其价值层次、价值大小等。主客体关联度是指客体属性与主体需求是否相联系以及联系的程度等。从主客体关联度可以判断主客体是否存在价值关系以及价值关系的直接与否。所以,价值是由客体属性、主体需求、主客体关联度等共同决定的,它们不仅决定价值的有无,还决定价值的层次、大小以及价值关系的直接与否。

同样,非物质文化遗产价值也是由非物质文化遗产属性、人的需求、非物质文化遗产与人的关联度等共同决定的,不仅决定价值的有无,价值的层次、大小以及价值关系的直接与否,还决定了非物质文化遗产价值是一个多元、多层的复杂系统。非物质文化遗产价值的复杂性不仅表现为非物质文化遗产自身因种类、民族、时空的不同而具有可以满足人需求的复杂多样的属性和功能,也不仅表现在不同人种、民族、时空的人对非物质文化遗产有复杂多样、多层的需求,而且还表现在不同种类、民族、时空的非物质文化遗产与不同人种、民族、时空的人的复杂多样、多层的关联上。

联合国教科文组织在有关非物质文化遗产的文件中,多次谈到非物质文化遗产的价值。如在《宣布人类口头和非物质遗产代表作条例》中指出,作为代表作的非物质文化遗产应对有关群体和文化多样性具有"特殊价值"。这种"特殊价值"具体表现为两个方面:一是具有特殊价值的非物质文化遗产的高度集中;二是从历史、艺术、人种学、社会学、人类学、语言学或文学角度有特殊价值的民间和传统文化表现形式。非物质文化遗产世代相传,在各社区和群体适应周围环境以及与自然和历史的互动中,被不断地再创造,为这些社区和群体提供认同感和持续感,从而增强对文化多样性和人类创造力的尊重。在本公约中,只考虑符合现有的国际人权文件,各社区、群体和个人之间相互尊重的需要和顺应可持续发展的非物质文化遗产。"[①]前者所讲的"特殊价值"是就非物质文化遗产代表作而言的,是从某些非物质文化遗产对人类群体普遍的文化需求而言的,也就是说,强调的是非物质文化遗产对人类的普遍价值。后者则一面强调"符合现有的国际人权文件,各社区、群体和个人之间相互尊重的需要和顺应可持续发展"的非物质文化遗产是有价值的,即非物质文化遗产对人类的普遍价值;另一方面也强调让特定社区、群体和个人视为其文化遗产,使他们在传承、创新这些遗产过程

---

① 王文章.非物质文化遗产概论[M].北京:文化艺术出版社,2006:415.

中有一种认同感和持续感的非物质文化遗产是有价值的,即对特定社区、群体和个人的特殊价值。所以,联合国教科文组织文件对非物质文化遗产价值的阐述,已经意识到非物质文化遗产的普遍价值与特殊价值,但更强调非物质文化遗产对人类的普遍价值,这与其所持有的世界的、人类的立场密不可分。

不同民族、国家或地区非物质文化遗产对同一个人或群体而言,其价值是不同的。同样,同一非物质文化遗产对不同民族、国家或地区的个人或群体而言,其价值也是不同的,这是非物质文化遗产价值的特殊性表现。但是,不同民族、国家或地区非物质文化遗产的属性、功能可以超越民族、国家或地区的差异性而满足人类共同的文化需求;不同民族、国家或地区的人也能超越自身局限而对其他民族、国家或地区的非物质文化遗产产生相同或相似的价值诉求,这是非物质文化遗产价值具有普遍性的表现。

非物质文化遗产不但是劳动人民智慧的结晶,同时也积淀了中华民族的丰厚文化,是需要传承和创新发展的优秀传统文化。非遗的创新与可持续发展有利于增强中华民族文化自信,增加国家软实力。①

非物质文化遗产的普遍价值有记忆价值、传承价值、审美价值、基因价值、学术价值和经济价值等。

(一)记忆价值

一个人一旦丧失了记忆,就会感到恐慌和无所适从,从而不能正确评价和把握自己的现状和未来。同样,一个民族、国家若丧失了记忆,没有了历史,也会陷入恐慌和无所适从的境地。所以,人类离不开记忆,离不开历史。

人类为了保存和研究自己的记忆,便产生了历史学。正如罗素所讲:"在所有人类借以获得知识国度里的公民权的各种研究之中,没有任何一种像对过去的研究那样是不可或缺的了。动物世界是怎样发展到了我们的个体记忆所从而开始的那一点,懂得我们所生活于其中的各种制度、各个民族是怎样变成为它们现在的样子,熟悉其他时代的伟大人物、熟悉于我们自身大为不同的各种习俗和信仰——所有这些东西,对任何有关我们自己地位的意识、对任何摆脱与我们自己教育上的偶然境遇,都是不可或缺的。历史学之价值,不仅仅是对于历史学家,不仅仅是对于档案和文献的专业学者,

① 马早升,鞠月.文化创意视域下非遗传承在艺术类院校的实践路径研究——陕西省北张村楮皮纸非遗技艺进课堂的可行性[J].造纸信息,2021(12):91-93.

而且是对于一切能对人生进行思考性的观察的人。"①

　　人类记忆历史主要采取两种方式，一是以文字记载为主，辅以史迹、遗物、图像等形象史料，比较系统、逻辑地叙述某个民族、国家的历史；二是通过世代口传心授方式记录、叙述某个民族、国家或地区的历史。这代表了两种不同的文化记忆：前者更多代表社会强势群体或话语权拥有者的记忆，往往以所谓"正史"面貌呈现，如中国从殷商的甲骨卜辞、《尚书》《国语》《春秋》《战国策》等先秦史录到以《史记》开始的"二十四史"，从其内容和倾向看，更像是帝王的家谱史；后者则更多代表社会弱势群体或不具有话语权者的记忆，往往以所谓"野史""杂谈"或神话、传说、史诗、民歌等面貌呈现，如野史笔记、民族史诗和民间传说等，除少数后来被文字记载或整理外，多数通过民间口传心授流传，从其内容和倾向看，则更像是普通老百姓的历史，也是一个民族、国家真正的历史。

　　史诗作为一种非物质文化遗产，在人类文化发展史上占据着重要的位置。希腊史诗、印度史诗、巴比伦史诗、芬兰史诗等都成为一个民族或一个国家文化的象征和文明的丰碑。从希腊神话《伊利亚特》和《奥德赛》、苏美尔神话《吉尔伽美什》、印度神话《罗摩衍那》和《摩诃婆罗多》、日耳曼神话《尼伯龙根之歌》、盎格鲁—撒克逊神话《贝奥武甫》，到法兰西的《罗兰之歌》、西班牙的《熙德之歌》、古罗马的《埃涅阿斯纪》，世界上所有的古老文明都在远古留下他们的故事和歌谣。史诗不仅是民间文化的宝库，是民族精神的标本，更是一个民族的心灵记忆。

　　黑格尔认为，史诗是一种用韵文形式记录对一个民族命运有着决定性影响的重大历史事件以及歌颂具有光荣业绩的民族英雄的、规模宏大的、风格庄严的古老文学体裁。它所表现的并不是主体的空洞情感或纯粹个人的偶然幻想，也不是少数人的孤立的狭隘行为，而是"全民族的大事"以及"全民族的原始精神"。每一个伟大的民族都有这样绝对原始的书，来表现全民族所特有的原始精神。只有一个时代、一个民族的精神才是史诗的有实体性的起作用的根源，也只有一种民族精神的全部世界和客观存在，经过用它所对象化成为具体形象，即实际发生的事迹，才能构成正式史诗的内容和形式。唯其如此，一部史诗才成为一个"民族精神标本的展览馆"和具有永久价值的全民族的经典。

---

　　① ［英］罗素著；何兆武等译.论历史［M］.北京：生活·读书·新知三联书店，1991：1.

我国的三大英雄史诗——《格萨尔》《江格尔》和《玛纳斯》,是藏族、蒙古族和柯尔克孜族的民族历史记忆。其中,《格萨尔》是自 11 世纪以来在藏族和蒙古族古老的神话、传说、故事、歌谣、谚语等民间文学的基础上,由民众集体创作和世代传承的蒙藏史诗,是世界上规模最大、演唱篇幅最长的英雄史诗。《格萨尔》共有 120 多部、100 多万诗行、2000 多万字,篇幅远远超过了世界几大著名史诗的总和。整部史诗分为三个部分:降生、征战、返回天界,通过讲述藏蒙民族英雄格萨尔凭借自己非凡的才能和诸天神的保护,降妖伏魔、锄强扶弱,给人间带来幸福与安宁的传奇故事,展示了古代藏族社会从以血缘关系为纽带、以部落联盟为核心组成的部族向以地缘关系为纽带的民族共同体的演变的历史面貌,是关于古代少数民族社会历史、民族交往、道德观念、民风民俗、民间文化等的百科全书,这部口头传承了千年的宏伟史诗被国际学术界称作"东方的《伊利亚特》"。

在传说、史诗之外大量存在的非物质文化遗产如传统音乐、传统戏曲、传统舞蹈、曲艺、杂技与竞技、传统手工技艺、民间美术、传统医药、民俗等都是人类的记忆,它们共同构成了丰富多样且多层的人类记忆宝库。其中,有通过音乐、戏曲、舞蹈、美术、曲艺等形式展示的人类认识美、创造美的历史记忆,有通过杂技与竞技、传统手工技艺、传统医术等形式展示的人类技巧、技艺、医术发展的历史记忆,更有通过民间信仰、传统节日、传统仪式等形式展示的人类群体性、仪式性心灵活动的历史记忆;有家族的历史记忆,有族群的历史记忆,有地区的历史记忆,也有国家的历史记忆。

人类有了对自己过去实践、认识和心灵的记忆,才有了把握现实和未来的参照,才能不断调整自己的实践、认识和心灵的方向,使自己沿着正确的道路前进。所以,人类要重视自己的历史,不仅要重视文字与物质文化遗产记录的历史,更要重视非物质文化遗产记录的历史。从某种意义上讲,后者比前者更重要,因为非物质文化遗产是活着的文化传统,是通过人类代际之间直接精神交流来传承的文化,它所记录的历史比文字与物质文化遗产记录的历史更直观、更真实、更全面、更生动。从人类诞生到今天,用非物质文化遗产表达自己思想比用文字与物质文化遗产表达自己思想的人要多得多。

(二)传承价值

非物质文化遗产作为人类活的代际文化,不仅保存了人类过去的文化足迹,是人类追忆过去、缅怀历史的载体,而且展示了人类文化发生、发展与演变的历程,是人类继承并发展文化传统的对象与媒介。

非物质文化遗产与物质文化遗产最大的不同,就在于非物质遗产是一种代际传承的正在进行的活的文化实践过程,物质文化遗产是一种过去完成的死的文化实践结果。这种区别直接决定了二者在文化传承方式与内容上的不同。与物质文化遗产主要通过继承人类祖先的"遗留物"来感知和传递文化不同,非物质文化遗产是通过重复参与祖先的"饱含某种精神的实践"来传递和发展祖先的"某种精神"。显然,非物质文化遗产比物质文化遗产能够更直接、更生动、更有效地传承人类文化。因为人类通过重复参与祖先曾从事过的相同或相似的文化实践,往往能体会到祖先从事这一文化实践的感受和心情,在心灵上与祖先有一种亲近感和认同感,从而对祖先的某种精神产生认同,自觉而有效地传递这种精神。这种精神正是一个具有共同祖先的群体、民族或国家的凝聚力的具体体现。

大量关于村落、社区、民族、地区和国家非物质文化遗产传承的个案考察,都表明了非物质文化遗产的文化传承价值。非物质文化遗产的文化传承价值具有多样性,不仅因地区、民族的不同而不同,呈现出地域性、民族性等特点,且因非物质文化遗产表现形式的不同而不同,既表现为民族心理、民族习惯、信仰思想等观念的传承,又表现为音乐、舞蹈、美术、曲艺、戏剧等艺术观念和能力的传承,还表现为体育竞技、杂技、手工技艺、中医药知识和技能等应用性知识和技能的传承。

几乎每个民族都有祭祀神灵或纪念祖先的非物质文化遗产活动。对于土家族而言,这种活动就是茅古斯,土家语称为"古司拨铺",意即"祖先的故事",汉语多称为"茅古斯"或"毛猎舞"。它是土家族为了纪念祖先开拓荒野、捕鱼狩猎等创世业绩的一种原始表演形式,流行于湘西永顺、龙山、古丈等土家族地区。主要于每年岁首在土家族摆手舞中作穿插性表演,也有在一定场合的单独表演。茅古斯以近似戏曲写意、虚拟、假定等技术手法,表演土家族祖先渔猎、农耕、生活等内容,既有舞蹈的雏形,又具有戏剧的表演性,两者杂糅交织,形成浑然一体的祭祀性舞蹈。茅古斯这种非物质文化遗产实践的传承价值是多方面的:其一,祭祀、纪念祖先,传承祖先的开拓精神;其二,展示传统的渔猎、农耕等生产过程,传承民族生产和生活知识与技能;其三,采用舞蹈、道白等方式模拟远古先民劳动和生活的故事情节,传承艺术观念和技能。对于藏族而言,传颂民族史诗《格萨尔》就是传承藏民族的民族精神。民族精神是一个民族赖以生存和发展的精神支撑,是一个民族特有的精神风貌,它是民族文化、民族智慧、民族心理和民族情感的客观反映,是一个民族价值取向、共同理想、思维方式和文化规范的集中体现,从本质上说,民族精神集中体现了一个民族文化的精华,是一个民族文明程度的重要标志。民族精神还是维系民族的纽带,是民族发展的动力,是一个民族自立于世界之林的支柱。人类社会发展的历史证明,没有强大的物质力量,一个民族不可能自尊、自立、自强;没有强大的精神力量,一个民族同样不可能自尊、自立、自强。

(三)审美价值

考古发现证明,人类早在原始时代就有了审美意识和审美活动。许多非物质文化遗产都具有很高的审美价值。非物质文化遗产的审美价值总是和记忆价值、传承价值相联系,甚至依附于二者。

非物质文化遗产的审美价值是不断变化发展的。非物质文化遗产审美价值的被发现和被发展对非物质文化遗产曾经产生了两个方面的影响:一方面,它使得一部分非物质文化遗产因脱离它的生存土壤而导致衰落或死亡;另一方面,它使得一部分非物质文化遗产因为受到权力话语者的重视、保护而获得发展的条件和机遇。

非物质文化遗产与物质文化遗产在审美价值上相比具有自己的特点:物质文化遗产的审美对象是物本身,人类通过物来关照凝聚其中的美,审美者不参与美的创造活动;非物质文化遗产的审美对象是活动过程,人类通过对活动过程的整体(包括其中的人与物)的把握来体验其中的美,审美者参与美的创造活动。

联合国教科文组织认识到一个国家的有形文化是一个民族的标志,那么民间的非物质文化遗产(主要指活态文化遗产)也同样是识别一个国家和民族的标志,重要的是这些活态的文化遗产是一个民族向现代发展的生命源泉,是民族凝聚力和情感动力的源泉。比如,哈尼族对"梯田文化"的热爱是其他民族不能比拟的,从儿童的"梯田游戏"到成人和梯田相关的礼俗十分丰富,并且很高级,也很现代。但农民仍是自发的传承文化,不是一种自觉的文化意识。

(四)基因价值

生物的多样性是由生物基因的多样性决定的。每种生物都有自己特殊的基因,改变生物基因是改变生物品种的重要手段。中国工程院院士袁隆平在 1964 年首先提出培育"不育系、保持系、恢复系"三系法利用水稻杂种优势的设想,1970 年与其助手李必湖和冯克珊在海南发现一株花粉败育的雄性不育野生稻,成为突破"三系"配套的关键,育成中国第一个大面积推广的强优组合"南优二号",并研究出整套制种技术,被同行们誉为"杂交水稻之父"。袁隆平的成功与其发现了野生水稻基因密不可分。所以,保持生物多样性是生物可持续发展也是人类社会可持续发展的条件。为此,人类制定了一系列的法规来保护生物基因的多样性存在。

同样,人类文化也存在可持续性发展的问题,而且这种发展对人类的影响更大。而要促使人类文化的可持续发展,就不能不在文化基因多样性的保护上下功夫。

人类经济的迅猛发展,不断威胁着文化的多样性存在。经济要全球化,与经济全球化发展过程中遇到的"国家堡垒""地区堡垒"一样,在文化面临全球化冲击的过程中,许多国家和地区纷纷发起"民族文化保护"运动。对这些新问题,理论界并没有做好思想准备,还不能提出一个超前的理论去引导人们。

借鉴生物多样性保护的成果经验,人类感觉到了文化多样性保护的重要。在所有人类文化中,既能体现多样性又具有活力的文化,就是非物质文化遗产。非物质文化遗产为人类提供了丰富的、可持续发展的文化基因。1993年,德国 Enigma 乐团撷取台湾阿美族马兰社部落郭英男和夫人所演唱的《老人饮酒歌》的原音创作了《Return to Innocence(返璞归真)》,创造惊人的数百万张销售数量,但没有人知道这美丽的旋律竟是来自台湾阿美族的郭英男夫妇。1996年,亚特兰大奥运会使用《Return to Innocence(返璞归真)》为宣导片主题曲之后,郭英男经由所属魔岩唱片公司向奥委会、美国 EMI 唱片公司提出控诉。这是第一个因为侵犯智慧财产权而引起的跨国性官司,所涉及的被告包括英、法、美、德四国。这个文化侵权案充分说明非物质文化遗产具有丰富的基因价值。

2000年5月4日,联合国教科文组织总干事松浦晃一郎在日内瓦"瑞士国际政治论坛"上的报告《多元文化的保护和开发》一文中说:"全球化趋势可能成为世界各民族密切联系的一个有利因素。但是不应因此而导致世界文化的一体化发展,不应该让一种或几种文化去支配其他文化,也不应该导致文化肢解性或同一性的重合。我主张要把人类文化多样性的保护和开发摆在一切工作的首位。"①

---

① 王彦达,魏丽,马兵.民族文化的现代化是少数民族文化传承的趋势[J].满族研究,2005(2):30.

　　刘魁立在《培育根基、守护灵魂——中国各民族民间口头和非物质文化遗产概述》中说:"彝族人在长期的历史进程中,创造了绚丽多姿的民间口头语言民俗,别具一格的论辩艺术'克哲'便是其中之一。它以民间口头传承的方式广泛流传在四川大凉山彝族的村村寨寨,成为家喻户晓、老幼皆知,并深为民众所喜爱的口承文学事象。'克哲'的传承场合一般是在民间隆重的婚嫁仪式上,论辩者作为赛手是姻亲双方各派请的一位知识渊博、具有雄辩才能的男子作代表,主方在前,数番轮回后,决出胜方。在表现形式上,'克哲'既可朗诵,又可歌唱,还可采取诵唱兼行的方式,而且,论辩者往往在歌唱时,还要双脚踏地为节,平缓地移动脚步,两手挥动察尔瓦(羊皮菱制的披风),翩翩起舞,以协调论辩的节奏,所以说克哲尚保留着彝族诗、歌、舞三位一体的原始风习。进行方式则是参赛的双方临场诵唱即兴创作的诗歌,互相盘驳、褒贬、盘古论今、引经据典,以能够达到'穷百家之词,困众人之辩'者为胜。通常整个'克哲'活动气氛活跃而紧张,双方的较量犹如龙争虎斗,扣人心弦,引人入胜,听众云集,给婚嫁仪式增添了热烈的氛围。"①

(五)学术价值

　　联合国教科文组织指出人类非物质文化遗产代表作应该是在历史、艺术、人种学、社会学、人类学、语言学及文学方面有特殊价值,实际上是在强调非物质文化遗产对相关学科的学术价值。

　　非物质文化遗产的学术价值表现在三个方面:第一,它是诸如历史学、艺术学、人种学、社会学、语言学、文学、民俗学、建筑学、工程学、工艺学、医学、体育学、舞蹈学、音乐学等学科的研究对象;第二,它为各门科学研究提供了丰富的研究材料;第三,它为各门具体科学研究提供了新的方法和思路。

　　非物质文化遗产的历史学价值在于对"正史""书面历史"进行拾遗补缺,或者修正。对人类口传、行为文化历史的关注,对人类史前文化的关注,对人类弱势文化的关注,对文化历史与当下关系的关注,是人类历史观的进步,是历史学研究实践的进步。

　　非物质文化遗产的艺术学价值在于对原始艺术、民间艺术,及其与专业艺术关系的重视是空前的,这使得艺术学研究目光不再局限于专业艺术领

---

　　① 刘魁立.培育根基、守护灵魂——中国各民族民间口头和非物质文化遗产概述[J].中国民族,2003(3):9.

域而变得更为广阔,也使得艺术学研究更加切近艺术活动,也更具有科学的意味。莫·卡冈在《艺术形态学》中指出:"民间创作顽固地保留着原始艺术固有的两个方面的混合性,而在艺术生产发展中这种混合性却受到明确的和坚决的扼制,导致了把艺术创作从人类活动的其他所有形式中独立出来,并导致了艺术掌握世界的各种方式—样式、种类和体裁——的内部划分。"①罗伯特·戈德沃特在《现代艺术中的原始艺术》中也说:"原始人的艺术展示了我们有关什么是'艺术'的观念,使我们明白艺术可以有多种形式,可以扮演多种角色,也可以是综合意义和歧义的代表。原始艺术因此而意义深远。"②

非物质文化遗产的人种学价值在于为人种差别与平等理论提供了丰富的证据材料,也为人种、民族学的科学发展创造了条件。印第安人有这样的神话传说:远古时代,地球上没有人类,上帝便修筑一个烘炉,捏了三个面人烘烤。过了一会儿,上帝从炉中取出第一个面人,因为火候不到,这个人的颜色十分惨白,这就是现在白人的祖先;又过了一段时间,上帝从炉内取出第二个面人,这个人火候恰好,颜色微黄浅棕,这就是印第安人的祖先,上帝看了十分高兴,竟忘了炉内的第三个面人;待上帝想起炉内还有一个面人并取出来时,火候过了,这个人的颜色便又黑又焦,这就是黑人的祖先。这个神话传说对我们了解印第安人的人种观念具有重要的参考价值。

非物质文化遗产的社会学价值在于社会学所关注的制度文化、行为文化、民俗文化、原始社会等都是非物质文化遗产学所关注的范畴,非物质文化遗产特别关注的原始、民间文化及文化的集体、社会、阶层性都对社会学研究具有重要的研究和指导意义。

非物质文化遗产的语言学价值在于:一是指语言多样性的价值,如濒危语言、稀有语言的科学价值;二是指无文字语言的语言学价值和"口头"价值;三是指不同语言所承载的不同民族文化的价值。根据国外学者统计,世界上已经查明的语言有 6800 种,有数以千计的语言处于濒危状态,包括170 种北美印第安语言、280 种西非语言。非物质文化遗产对濒危语言的关注可在一定程度上改善语言的存在处境。

---

① [苏]莫·卡冈著;凌继尧,金亚娜译.艺术形态学[M].北京:生活·读书·新知三联书店,1986:208.

② [美]罗伯特·戈德沃特著;殷泓译.现代艺术中的原始艺术[M].南京:江苏美术出版社,1993:4.

　　非物质文化遗产的文学价值：第一，确定文学研究的新领域——非物质文学遗产研究；第二，开拓了文学研究的新思路——生态思维；第三，奠定了文学研究的新方向——研究与保护、传承紧密结合。把文学分为物质文学与非物质文学是非物质文化遗产概念对文学的一个重要启示，也是文学研究从偏重于书面的、文人的文学向口头的、民间的文学转换的一个标志。

　　非物质文化遗产的科学认识价值在于：某些非物质文化遗产本身就具有相当高的科学含量和内容，有较多的科学成分和因素。例如民族传统历法，如果能较好地解决计时和指导农、副、渔业生产的问题，就一定具有相当的科学内容和价值。我国传统历法——农历，就较好地解决了计时和指导生产生活两大问题。农历又称阴历，实质是阴阳历，它早在秦汉时期就已形成。农历根据天体运动规律计时，安排大小月、闰月、平年和闰年，有良好的实用性和极高的科学性。农历中二十四节气的划分综合考虑了天文、气候、季节、物候、农作物生长等情况，反映了古人在与自然的交往过程中对自然界发展运行规律在一定程度上的科学掌握和认识，以及人作为自然界的一部分对这些规律的合理运用，因而长期以来很好地指导了农、副、渔业生产。

（六）经济价值

　　非物质文化概念的提出，本身是对片面强调物质文化的纠正，是对物质、经济价值取向的补充和调节。而且，人类物质经济的可持续发展最终还要依赖于文化的发展。因此，非物质文化遗产不仅包含了巨大的文化价值，而且潜藏了巨大的经济价值，是非物质经济的重要力量。

　　非物质文化遗产的经济价值主要体现在：①非物质文化遗产旅游经济；②非物质文化遗产品牌广告经济；③非物质文化遗产技术、技艺专利经济；④非物质文化遗产的生态经济。

　　非物质文化遗产经济价值是一种客观的存在，已经被政府、企业和文化学者普遍认可。很多地方已经把非物质文化遗产作为当地文化产业的重要内容来开发。我国的非物质文化遗产生产性保护理论，很大程度上是基于对非物质文化遗产经济价值的认识而提出的。

第二章 中国传统工艺与非物质文化遗产概述

第一节 中国传统工艺的演进模式

随着时间的推移和社会的不断发展,中国传统工艺的演进模式也在不断变化,并呈现出多元化趋势,主要表现在以下几个方面。

第一是"重己役物",也就是重视生命本体,控制人造的事物。它强调任何技艺都是以人为主体,也就是今天所说的"以人为本",这一点对于中国传统工艺的发展极其重要。

第二是"致用利人",也就是强调实用和民生。清乾隆时期,西方的传教士或者外国使节到中国,带来的礼品大多是一些玩物,如机器自鸣钟等,由此可见西方当时生产的很多东西并不完全是致用利人的。

第三是"审曲面势,各随其宜",这讲的是工艺跟具体的技术和材料的关系。这方面有许多事例:如家具制造中如何用木材的特性、纹理处理不同的结构,制造砚台时如何利用石头的巧色做出既顺应材料特性又体现功能的东西等等,这些都是一些小的因材施艺的例子。从宏观的方面看,中国传统工艺非常注重材料和技术条件,结合功能的要求来设计东西。

第四是"巧法造化",它强调造物从自然中得到启示,人和自然保持和谐。

第五是"技以载道",它的意思是技术包含着思想的因素,道器并举,把形而下的制造如具体功能操作、技术劳动和形而上的理论结合起来。

第六是"文质彬彬",即外表和实质相配适宜,它强调在造物中内容和形式的统一、功能与装饰的统一。

第二节 中国传统工艺思想解读

我国传统文化讲究"形而上者谓之道,形而下者谓之器",传统工艺由于与生活密切相关的实用性而被视为"形而下"之"器",常被视为"雕虫小技",文人士大夫不屑于关注"手工技艺"的发展,因此,我国古代很少有系统的工艺理论著作。但是,传统工艺造物精神与物质的双重性特征使它成为古代文人士大夫讲述深刻道理的比附对象,所以我国古代关于工艺造物思想的论述散见于古代思想家论述国家政治、经济、文化发展的著述中,特别是先秦时期强调工艺造物的社会价值和社会功用,追求精神与物质的统一,主张自然与装饰的中庸、和谐,注重工艺造物活动的整体有机性,力求达到天时、地利、材美、工巧的"四合"境界。这些睿智的古代造物观使我国工艺美术的发展保持了鲜明的理性特征,没有陷入纯功能主义或装饰主义的误区。

一、以"功能与节用"为核心的墨家造物观

墨子是我国古代重要的思想家,同时也是一位杰出的工艺思想家,在他的著述中阐述了鲜明而富有特点的重"实用"的工艺批评观。作为工匠,他从本阶层的立场出发,指出儒家和贵族阶层所提倡的繁文缛节是对社会资源和人力资源的浪费,要想使民众有更好的生活,必须在造物中秉承功能第一的思想,减少多余的装饰,节省材料与民力,增加天下的利益。

墨子与弟子禽滑厘的一次对话集中体现了他的功能主义造物观,他称赞了禽滑厘,认为粟比珍宝更有价值的观点:"食必常饱,然后求美;衣必常暖,然后求丽;居必常安,然后求乐。"[1]在他看来,食物、衣服、住所的首要目的是能吃饱、保暖和安身,至于美不美,那是其次。墨子在《辞过》里也强调:"坚车良马不知贵也,刻镂文采不知喜也。何则? 其所道之然。"[2]他认为,车马、服饰最重要的价值是功能与实用,所以漂亮的装饰与刻镂只是外表,并不值得惊喜。在此文中,墨子分别以宫室、服饰、烹饪、车船制造等例子,强调功能是造物的本质属性。

对于房屋建造,墨子说:"古之民未知为宫室时,就陵阜而居,穴而处。下润湿伤民,故圣王作为宫室。为宫室之法,曰:'室高足以辟润湿,边足以圉风寒,上足以待雪霜雨露,宫墙之高足以别男女之礼。'"[3]这段话的意思是,上古时期的民众不会建造房屋,潮湿风寒损害了身体健康,圣人帮助建造房屋时,抬高地基可以避免潮湿,四面的围墙能抵御风寒,屋顶可以遮挡

---

① ［清］毕沅校注.墨子[M].上海:上海古籍出版社,2014:331.
② ［清］毕沅校注.墨子[M].上海:上海古籍出版社,2014:20.
③ ［清］毕沅校注.墨子[M].上海:上海古籍出版社,2014:19.

风霜雨露,墙壁使大家符合男女之别的礼节。所以,圣人造屋,是为了满足民众生活的基本需求,不是为了观赏和享乐。

在论及衣服的制作时,《墨子·辞过》中说:"古之民未知为衣服时,衣皮带茭,冬则不轻而温,夏则不轻而凊。圣王以为不中人之情,故作诲妇人治丝麻,捆布绢,以为民衣。为衣服之法:'冬则练帛之中,足以为轻且暖;夏则缔绤之中,足以为轻且凊。'谨此则止。故圣人之为衣服,适身体,和肌肤而足矣,非荣耳目而观愚民也。"①墨子认为,由于上古民众不会做衣而以兽皮草绳裹身,不仅笨重,而且冬天不保暖,夏天不凉爽,于是圣人教妇女们整织丝麻,编织布帛,缝制衣服。冬天使用熟绢做衣,使人们轻软暖和,夏天用葛布做衣,使人们轻便凉爽,衣服能达到这样的效果就足够了。因此,圣人制作衣服,目的是使身体暖和或舒适,适合人的肌肤,而不是用来炫耀感官之美,引起低俗之人的关注。

同理,墨子谈到制造舟车时说:"圣王作为舟车,以便民之事。其为舟车也,全固轻利,可以任重致远,其为用财少,而为利多,是以民乐而利之。"②他的意思是说,车船的重要性在于方便百姓做事,需要既坚固又轻便,能装载重物,运送到远方。车船的制造花费不多,又能为人们带来好处,所以百姓喜欢它。这些例子充分诠释了墨子重功能、轻装饰的造物观。

墨子在自己的著作中,还表达了节约民力财力、反对浪费的造物思想与工艺批评观。他在《七患》里解释"三患"为:"先尽民力无用之功,赏赐无能之人,民力尽于无用,财宝虚于待客。"③之后又说:"故曰,以其极赏,以赐无功,虚其府库,以备车马衣裘奇怪,苦其役徒,以治宫室观乐,死又厚为棺椁,多为衣裘,生时治台榭,死又修坟墓,故民苦于外,府库单于内,上不厌其乐,下不堪其苦。"④从中可以看出,墨子反对耗费民力建造华丽的宫室台榭,制造精美的车马器,织造奇丽的衣裘,长此以往,上乐下苦,国家就会陷入忧患。

在《辞过》中,墨子批评了奢侈雕镂的害处,提倡节约思想:"当今之主,其为宫室……必厚作敛于百姓,暴夺民衣食之财以为宫室台榭曲直之望、青黄刻镂之饰。……君实欲天下之治而恶其乱也,当为宫室不可不节。"⑤"当今之主,其为衣服,则与此异矣。冬则轻媛,夏则轻清,皆已具矣,必厚作敛

---

① [清]毕沅校注.墨子[M].上海:上海古籍出版社,2014:22.
② [清]毕沅校注.墨子[M].上海:上海古籍出版社,2014:331.
③ [清]毕沅校注.墨子[M].上海:上海古籍出版社,2014:15.
④ [清]毕沅校注.墨子[M].上海:上海古籍出版社,2014:18.
⑤ [清]毕沅校注.墨子[M].上海:上海古籍出版社,2014:19.

于百姓,暴夺民衣食之财,以为锦绣文采靡曼之衣,铸金以为钩,珠玉以为佩,女工作文采,男工作刻镂,以为身服。此非云益媛之情也,单财劳力,毕归之于无用也。以此观之,其为衣服,非为身体,皆为观好。是以其民淫僻而难治,其君奢侈而难谏也。夫以奢侈之君御好淫僻之民,欲国无乱,不可得也。君实欲天下之治而恶其乱,当为衣服不可不节。"[①]"当今之主,其为舟车与此异矣。全固轻利皆已具,必厚作敛于百姓,以饰舟车,饰车以文采,饰舟以刻镂。女子废其纺织而修文采,故民寒;男子离其耕稼而修刻镂,故民饥。人君为舟车若此,故左右象之。是以其民饥寒并至,故为奸邪。奸邪多则刑罚深,刑罚深则国乱。君实欲天下之治而恶其乱,当为舟车不可不节。"[②]在这些论述中,墨子严厉批评了以各色雕镂装饰宫室、以华丽的花纹和金玉修饰衣服、以雕刻的图案美化车船的造物风气,认为妇女放弃纺纱织布而去绣绘花纹,民众就会少衣而受冻,男子放弃耕种而去从事雕刻之事,百姓就会缺粮而挨饿。所以,节约民力、财力的造物观,不仅关系到物品的外观与功能,而且与社稷的稳定也有关联。由此可以看到墨子对"节用"的高度重视。

墨子强调功能与节约的设计批评观,在今天仍具有积极意义。无论是建筑设计,还是产品等,今天的设计师应该把节能、环保等设计理念贯彻到实际的设计方案中,尽量以耗费少量自然资源和人力资源的方式实现人们衣食住行的功能与目的。

二、实践理性精神与儒家的中庸造物观

实践理性精神形成于先秦时期儒学在氏族血缘基础上架构起来的"仁礼"之学,最早源于孔子"发愤忘食,乐以忘忧"的入世精神、"克己复礼"的政治抱负,以及"修己以安人"的自我实现与自我境界超越。孔子关注社会现实,最具代表性的论断是"未知生焉知死;未知人事,焉知鬼事",他以生者的视角体察万物,因而并没有将思考的重心引向抽象的思辨,而是将哲理的思考引入了日常的世俗理性中。因此,儒家并没有抽象的纯思辨之"道","道"存在于日常世俗事物中,其中尤指以"仁礼"为代表的社会伦理秩序中,也存在于工艺、文化、科技之中。其结果是,将"道"赋予万物之后,抽象的先验之"道"的缺乏,使儒学转而强调要从万物中悟"道",因为道存在于世俗万物

---

① ［清］毕沅校注.墨子［M］.上海:上海古籍出版社,2014:20－21.
② ［清］毕沅校注.墨子［M］.上海:上海古籍出版社,2014:22.

中,工艺、文化及科技的特殊性成为悟道的最直接渠道,"乐以载道""文以载道""物以载道"也就成了中国古代工艺及文化发展的典型特点。孔子实践理性的核心在于将天、地、人作为一个统一的整体,论证伦理道德体系的建构及君子个人的内在修养,较少思考与社会政治现实及物质生产无关的抽象问题。在这里,君子的前途是"学而优则仕",仕的目标是维护以"仁礼"为核心的社会伦理秩序。在以伦理体系的建构为目标的实用理性影响之下,工艺及科技等被视为"奇技淫巧"。强调工艺为政治服务及彰显道德伦理的社会实用性,要承担之显道的作用,要致用利人,避免脱离人事经验的抽象思辨,它引导中国传统工艺的发展,承续着明显的中庸心理,即不玄想、重经验、轻逻辑以服务于现实生活,保持社会政治经济系统的和谐稳定。

儒家以中庸为主的造物观念主要贯穿在孔子、荀子等关于"仁"与"礼"的学说之中,其核心是"文质彬彬",即讲究人与事物内在美和形式美的统一,实用与修饰的统一。在《论语·雍也》中,孔子说:"质胜文则野,文胜质则史。文质彬彬,然后君子。""质"指事物的本质,也可指内容,"文"含有外在形式美或纹饰、修饰的意思。在孔子看来,"质胜文"或"文胜质"都是偏颇的,人们仅保持不饥饿、维持基本生存的需要,就会回到早期社会的原始温饱状态,不符合以"仁"为核心的"礼"的要求;同样,"文"虽然重要,但是这种审美形式如果超出了内容或本质,外表漂亮但内在虚浮,也是不可取的。孔子并不像墨子那样以节俭为由来否定艺术和装饰,而是肯定乐器、乐律、舞蹈、服饰、诗歌等声色之美,前提是要符合"礼""仁"的要求,不能只重形式而忽略内涵。这一工艺造物批评思想延伸到设计批评上,是指造物需要有必要的美化和外在装饰,但要保持在一定的限度之内,不能超越"质"即本质或实用的范围。

儒家中庸造物观念不仅提倡修饰与实用、与精神的功利性并重,可贵之处更在于强调二者的融合与统一。孔子把黄醑制衣、舟车白马、雕琢刻镂之类的造物艺术称为"文",即必要的修饰,"文"能区分出"礼",体现礼乐之美,进而达到"仁",从而具有实用、"善"(即"质")的功能,因此,外在美的形式和内在的功利性并不冲突,二者是融为一体的。儒家思想的另一位代表荀子对这一观点也表达得十分清晰。《荀子·富国》中说:"故为之雕琢刻镂、葡蔽文章,使足以辨贵贱而已,不求其观……为之宫室台榭,使足以避燥湿、养德、辨轻重而已,不求其外。"他认为,各种器物的雕琢刻镂,在衣服上缝染华丽的纹饰,是为了区分贵贱,而不单是追求它的美观、花哨;修建宫室房屋,是为了能有一个避免燥湿、修养德行、区别贵贱的居住条件,而不仅是追求它的外表。

儒家学说认为,形式美是具有功利性的,并不是为美而美。也就是说,美与善的"合目的性"是融为一体的。

三、"器以载道"与传统工艺对心物关系的认知

"道器"关系作为中国古代哲学的重要命题和范畴,早在战国时期就有充分的探讨和阐述。《周易·系辞上》中就明确提出了"形而上者谓之道,形而下者谓之器"的观念,道和器的关系开始成为中国古代思想家关注的哲学命题。虽然"道器"关系中"器"或"物"并不仅指工艺造物,而是泛指一切事物,"道器"论述的实际上是一般事物与抽象理论的关系,但是不可否认,我们所述之工艺器物也在此之列,并且是与人们日常生活最密切的相关之物。因而,此处所讲的"器"侧重于工艺相关的事理和现象,"道"更多指器物所载之"道",是蕴藏于器物制造及使用过程中的自然之天地大道、社会的伦理之道、个人的处世之道等等。从"道寓于器"到"载礼释道",是中国传统造物的一条规律和基本社会功能,因而"器以载道"成为中国传统工艺造物的主旨之一。"道"在中国传统文化中,既是自然存在及运转的规律,也可以是社会化的情感及意识形态,是万事万物的规范和制约,是难以明确表述的抽象物。而工艺之"道",是蕴藏于器物制造及使用过程中的自然之天地大道、社会的伦理之道、个人的处世之道,器则相对直观可触,是社会物质世界的组成部分。一方面,器物制作要受道的制约;另一方面,道的内涵要靠器物来呈现,工艺造物始终被古人作为解释各种伦理道德和宗法制度的媒介。对道器关系的解说也成为历代思想文化之展示的中心向导。

(一)先秦文献中记载的"道器关系"及其与工艺造物的关系

在意识形态上,先秦时期以巫术文化为特征的原始活动逐渐解体,开始转为以理性主义为主要特点的哲学发展新阶段。以孔子为代表的实践理性精神成为诸子百家解读道器关系的主要思路,即把对道器关系的分析与现实社会生活、伦理感情及政治观念等结合起来。诸子百家对于各种社会现象、伦理宗法的变化及发展各抒己见,提出了各自的造物准则和目标,以期把造物活动纳入社会理性中。"道器"关系的解读逐渐形成了以下三种主要观念:

1.礼乐教化与儒家道器观念

对于"道"与"器"的关系,先秦时期的儒家学派大致持人本主义的态度,强调在人与人之间的"仁""礼"为主体的伦理体系之下看待各种器

物。儒学强调人的社会性及社会责任,在此前提下,承认并推崇器物应该具有基本物质功能,能够利于天下,保障人们的基本生活,进而才能维持社会稳定。

2.朴散则为器、技进乎道与道家道器观念

道家有关"道器"关系的态度偏重于"重道抑器"或称"先道后器"。道是万物之道,也是器物生成之自然规律。在与形而下之"器"的关系处理上,侧重于将道与自然相联系、相并列,"道"的本性是顺应"自然",老子曰之"朴",庄子曰之"纯白","自然"与"道"相通,离开了"自然规律",也就不存在"道",正所谓"人法地,地法天,天法道,道法自然"

3.义利节义与墨家道器观念

墨家道器观念以"贵义""尚利"为基本前提,主张器物之利必须利于天下之民,工艺制作的基本尺度是天下民众之"义""利"。

(二)先秦之后,关于"道器"关系的典型论述

先秦之后,道和器的关系大致包括"道先器后""道体器用""治器显道"等几种观点。

1."道先器后"

这是在汉唐儒学主流"无形生有形"的宇宙生成论基础上形成的,主张无形之"道"生有形之"器"。在汉唐"无形生有形"的宇宙生成秩序之下,道器之"道"为先天之"无形"之物,而"器"为"有形"之物,"无形生有形"即是道生器,在生成秩序上为"道先器后"。

2."道体器用"

多见于宋明时期,此时儒家学说的发展以"理学"的创立为主。理学家们关注的核心问题由对宇宙生成的探讨转向了对人性及社会伦理秩序的探讨。在这样的前提下,"道器"范畴及关系的讨论与"理"的解释相联,以"理"说"道"成为必然。"理学"强调万事万物当以"理"为本体,主张探究万事万物存在和生成的目的、依据及其发展变化的规律。宋代程朱理学的发展使道器关系的认知与解读陷于唯心主义的窠臼,道器关系不再是"有形"或"无形"的关系,而是体用关系,即"道体器用"说,道在逻辑上先于器,是器之为器的根本原因。

3."治器显道"

随着理学的官方化和意识形态化,其存理遗人所导致的伦理异化弊端

逐渐显现出来,理学的桎梏化使现实世界的实践认知、人的生存及其价值无处安放。至明晚期,知识分子开始反思宋明理学的弊端,逐渐兴起的经世致用思潮将"道器"关系的解读从"道体器用"说推向了"治器显道"说,以天为器,以人为道。

中国悠久的造物文化史不仅创造了绚丽多彩的物质文明,同时也沉淀了奉为经典的、丰富独特的传统工艺造物理念,这些观念涉及哲学思想价值观念、道德观念、审美情趣、伦理情感,以及社会制度、生活方式等很多方面。不断挖掘、梳理和探究中国传统工艺造物思想,无论是上层造物文化的经典,还是下层民间一般造物的世代传承,其中的技术理性和更重要的人文情怀都是现代设计良性发展可供借鉴和启示的独特资源,这种借鉴和发展也有必要建立在对民族造物文化的心领神会和自觉传承的基础上。

第三节　中国传统工艺的当代价值

中国传统工艺历史悠久、品类丰富,深受中外各族人民的喜爱。就像世界上所有的文明国家一样,中国传统工艺也是代代相承,盘折而有变化。其历经千百年,凝结菁华,熠熠耀耀,留下遗珍无数,更以其日用之道满足了人的生活需要。然而今天人们特别在意和强调的,已经不只是尊重传统、学习传统,更是希望通过活化传统、推陈出新,凸显中国传统工艺的当代意义和价值。

传统工艺的当代价值,是传统工艺之间关系的发展、变化规律在当代的表现特征,是我们站在当代对传统工艺历史的思考,体现传统工艺有效性的认知。所以,传统工艺的历史即传统工艺的观念史,研究中国传统工艺的当代价值,也即对其历史观念以及现存传统工艺当代有效性和可能性的再发掘、再思考。

中国传统工艺从最初的彼此封闭,或以共同性存于典籍,到后来相互联系以及历时性演变,包括近代化过程中的实在观、得失的教训、经验以及基于美术、图案概念导入产生的,对中国传统工艺现代化的影响等,便不难发现,中国传统工艺的历史不是封闭的,其实是综合了世界美术、工艺因素,从古至今连续发展而来,并且有其自身独特的矛盾性和复杂性。中国传统工艺的当代价值研究,其实是建立在这个主观和客观需求之上的系统性研究,即对外的开放和包容,以及向内的实在观与追求完美的相互作用和综合表达的研究。

当代传统工艺既受惠于美术,又反哺于美术。现今从美术中分离出来的各种表现形式,包括图像、视觉符号、技法等,当其与传统工艺相结合时,往往能得妙道而盈乎文情,别开新面。传统工艺自身的发展,汲取当代社会的美学意识,屡屡习而凝真,或为追求装饰的纯粹、材料的单纯语言乃至雅韵俗趣、东方诗意等,在洗尽铅华中获得淡雅如菊的脱俗之感。此外,传统工艺还与文学、科学等相结合,在传统文化与现代设计之间,寻找新的综合与可能。凡此种种,从不同方面和在不同程度上,体现传统工艺的当代有效性,像这样的一些探索、追求,在未来还将继续下去。

民艺在当代中国备受关注,这不能不让人联想到百年前柳宗悦的长远思考。其将工艺作为视觉艺术、机械艺术的第三个方面,确立起了"用"的艺术。这种从服务于民众生活为主的民众的工艺中重新发现生活的美,围绕着在身边的平凡的器物,寻找美的法则的思想,对于传统工艺的当代价值研究,无疑有着重要启示。中国当代所倡导的在活化民艺中发展"新民艺",已然不再是过去反近代主义的"民艺"运动,而是生活在不断被虚拟化世界里的人们,为着眼未来而赋情的真切回归。

当代传统工艺的边界还在被确定和再确定中。为了传统工艺的创新发展,相关者努力尝试摆脱传统束缚,不拘泥于已有的形式,灵活越境,变通跨界。但与此同时是否也意味着中国工艺传统语言的不断解离,其个性和系统性越来越变得脆弱了。在发展当代中国传统工艺的努力中,还包括积极向世界展示其特色,提高自身在世界的知名度,这是否也意味将中国传统工艺的特色越来越多地展示给世界了。站在当代世界和中国的分水岭线上重新审视中国传统工艺发展,不难发现,我们仍然无法绕开或没能实际跨越这样的思维定式。

未来的美术或者工艺,个人造物抑或团队合作,在各种具体的领域,还将继续新与旧、中与外的交叠交流和碰撞,并且相互依存。就像宇宙开发技术中的非接触测定器设计、高速动车组的子弹头设计等,这些当代最高端科技都还要借助传统手工艺的辅助。传统手工艺早在百年前就受到近代工业化碾压,百年后却仍然焕发着生命活力。21世纪物流从"物"向"信息"转化,一方面用高科技取代人力,提高自我价值,一方面倡导手工造物技艺,使人力回归身体化,当代这种双逆对流现象何曾不是传统工艺当代价值的体现。大量收藏在博物馆里的文物,留有传统手工的记忆,它们是传统工艺的沉默者,所以如何让文物说话,对当代手工艺教育而言任重道远。

中国传统工艺的当代价值研究固然离不开传统工艺本身,但是对于那些曾经消失了的,或是看不见的、来自相关领域的研究,同样也不能忽视,因为它们总是在不知不觉地影响着中国传统工艺的价值取向。为此,从历史的角度理清和阐明其边界、极限和发展可能性,构成了保护继承当代传统工艺和打破其思想禁锢的两个等价相伴的重要方面。像这样的研究,应该不能局限于从中国到中国的传统工艺研究,而是要将其放在人类历史、世界文化当中去加以系统考察。如此,中国传统工艺的当代价值研究,才能真正成为世界性的学问。

一、传统工艺是实现文化强国的重要形式

随着全球化的深入和发展,文化的重要性越来越凸显出来。

当今,在国家提出"文化强国"战略的历史机遇下,中国传统工艺有着悠久的造物历史,并作为表现中国文化的物质形态,它是中国民族文化的高度凝练,中国传统手工艺理应成为走向世界的中国品牌。[①]

由于传统工艺品凝结了人们的劳动智慧,具有经济价值。传统工艺的经济性直接为生产性所决定,间接受实用性和艺术性所影响。经济作为是工艺和生产的基本因素之一,它直接影响着工艺品的生产。

在文化强国的战略指导下,单一的载体很难实现文化强国的目的。除了孔子学院和中医之外,传统工艺完全可以作为我国实现文化战略推广的第三极,推动中国文化走向世界。基于以上认识,我们认为,中国传统工艺是实现中国文化强国的重要形式。

二、传统工艺的独特审美价值与现代性特征

目前为止,学界尚未有系统、完整、深入的中国工艺美术的美学史,对于传统工艺美术如何进入现代形态,实现现代转型并进入民众的日常生活,仍有深入探讨的空间,因而对传统工艺现代性和美学价值这一问题的讨论亦颇有价值。

首先,对传统工艺的现代性和美学价值的讨论需要注意现代性的历史节点,而非从历代传统工艺中寻找对应当下的现代性,尤其需要梳理自近代

---

① 李晓岑,朱霞.云南民族民间工艺技术[M].北京:中国书籍出版社,2005:123.

以来传统工艺在生产方式、生产管理模式、销售模式、材料拓展、工艺技术、创作理念和审美观念等方面的现代化问题。事实上,从1949年中华人民共和国成立开始,国内人文学界在中国社会各个领域探寻现代性的问题就从未停止过。无论现代性抑或美学价值,都不是人为地从理论上进行所谓的挖掘,而是基于传统工艺的实践考察总结而来。古代社会的审美观与现代人的审美趣味有较大距离,传统工艺在当代所体现的现代性与美学价值必定通过生产实践总结出来。对其研究应当侧重于现代生活与美学之间的实践关系,而唯有通过它的实践性才可能发现它的现代性。

其次,对于传统工艺美学价值的研究,并非仅仅是工艺美术形式美、艺术美的探讨,也不是将一般美学理论映射到工艺美术的实践中。事实上,古代的工艺美术实践体现了中国传统文化的诸多特质,中国的传统审美乃至造型艺术、造物艺术具有独特的体系,无论其理念还是技法、语言都形成了千百年来的特色,更有异于西方的美学和艺术,特别是近百年来,西方文化艺术的传入既对传统审美文化有所冲击,更对包括工艺美术在内的造型艺术产生深刻影响,也显示了某些所谓的现代性。因此,传统工艺的美学价值更应该立足中国文化独特性的基础进一步深入挖掘,而非套用某些现成的大美学理论,乃至西方的美学理论,我们应该梳理、挖掘传统工艺美术自身的造物艺术、造型艺术审美特质,丰富传统美学体系。

最后,就工艺美术实践研究的层面而言,目前工艺美术行业以及产业的现状不甚理想,其中的忧患之一是当下有些工艺美术从业人员对工艺美术的功能认识模糊,在设计审美能力方面也存在问题,甚至有些年轻的手艺人都想成为艺术家乃至前卫艺术家,从而脱离了工艺美术的本质。

第四节　中国传统工艺的传承特点

中国传统工艺作为一种独特的艺术表现形式,在社会发展中占有重要地位,理清中国传统工艺的传承特点,明确中国传统工艺的传承变化对传统工艺保护和传承的影响,有利于我们进一步保护非物质文化遗产,提升我国文化软实力。

一、中国传统工艺传承特点的主要表现

传统工艺的传承和保护随一国工业演进发生、发展,是国家工业化的一

种必然结果。手工艺作为一门古老的"营生",是传统社会中人类生产生活的一项基本活动,并依赖"师徒相授、口耳相传"的知识模式世代传承。可以说,作为中国传统社会核心生产力的传统工艺,它不仅满足了人类在衣、食、住、行各方面的物质需求,而且满足人类文化审美情趣的精神需要。它既是人类物质生活的基础,又是丰富人类精神生活的"良方",满足着社会大众的经济、技术和文化不同诉求,任何时候都需要保有适度的存续和发展空间。中国传统工艺传承特点的主要表现如下:

(一)传承方式——口传身授

传统工艺是一种经验型的技术,传统工艺的传承实质上就是知识的传承,而其中一些知识属于明确知识,一些属于意会知识,明确的知识是口传,意会的知识就是心授,即亲身示范让对方模仿,所以口传、心授是从古到今非物质文化遗产传承的两种主要方式。所谓口传心授,就是"一传十、十传百地传授给他人,传递给下一代,给民众带来知识的提升和补充、道德伦理的教育、社会秩序的规范、高尚精神的满足和审美的愉悦与快感"。口传心授的主体就是非物质文化遗产的传承主体,所谓传统工艺的传承主体是指某一项传统工艺的优秀传承人或传承群体,即代表某项工艺深厚的民族民间文化传统,掌握着具有重大价值的可以延续和发展某项工艺的技艺、技术、本领,并且具有最高水准层次的个人或群",传承主体肩负着传承与创造的双重使命,既要把自己掌握的高超技艺、技能传授给后人,又要在传承中不断发展自己拥有的知识和技艺,使传承的技艺与技能因创新和发展而有所增益。

(二)传承形态——生动鲜活

传统工艺与非物质文化遗产的传承活动与一定地域范围内人们的行为活动息息相关,一般都无法脱离特定地域和特殊的生产、生活方式,以生动鲜活的形态代代相传——活态传承。如果说传承性是其历史性的延续,那么,传播则是其在空间上的扩散,二者是同一过程。要满足传统工艺与非物质文化遗产传承性和传播性的需要,前提是要使其在民众中得到认可和遵从,以活的形态存于现实社会生活当中。否则,即使将其物质载体与别的文物一样送进博物馆保藏起来,也像风干的木乃伊,形象虽在,生命已经终结,已不能算作真正意义上的非物质文化遗产。

传统工艺非物质文化遗产的活态性要求它必须以鲜活的形态存在于民间,一旦无人传习,其生命便宣告终结,这意味着对它的保护必须通过传承方式解决。尽管在保护中不排除把濒临消失又无法传承的技艺和民俗等物质载体和活动场景保留下来,进行博物馆式的保存展览,给后人留下可供回忆观摩的历史资料,但目的仍然是想解读其背后隐含的非物质文化。因此,严格说来,一种已无法传承的非物质文化遗产,其残存的物质外壳并不是非物质文化遗产保护的真正对象,这是非物质文化遗产保护与物质文化遗产保护最本质的区别。

(三)传承土壤——独特各异

传统工艺与非物质文化遗产传承的土壤不可移植、不能复制、不会再生。它是传统工艺传承的根基,为传统工艺的繁衍、发展提供了基因和养分。不同地区、不同民族传统工艺传承的独特性由其传承土壤的独特性决定。我国传统工艺的分类较多,但是同一分类下的不同地区的传统技艺各异,如中国四大名绣,虽然同属刺绣工艺,但是由于所属地域不同而风格迥异。苏绣以套针为主,绣线套接不露针迹,线条明快、针法活泼、绣工精细。粤绣包括盘金刺绣和丝绒刺绣两类,盘金刺绣以金线为主,辅以彩纷刺绣,金碧辉煌、灿烂夺目、雍容华贵;丝绒刺绣开丝纤细、色彩缤纷,绣出的花鸟尤其精美。蜀绣取材多数是花鸟虫鱼、民间吉语和传统纹饰等,用针工整、平齐光亮、丝路清晰、不加代笔,花纹边缘如同刀切一般齐整。湘绣用丝绒线绣花,绣品形象生动逼真、色彩鲜明、质感强烈、形神兼备、风格豪放。

同样,在中国众多传统工艺中,同一分类下的不同民族的传统技艺也不尽相同。同样为制陶工艺,但是云南西双版纳傣族自治州的制陶技艺通常采用无转轮制坯、脚趾拨动慢轮、手拨动转轮等方式制坯。而海南岛黎族地区的制陶工艺则采用泥片贴筑法、泥条盘筑法、快轮拉坯法等制坯。上述两种不同状况的出现,均是由其传承土壤不同而决定的,这些传统工艺至今仍广泛流传,则是由其突出的使用价值决定的。使用价值是传统工艺及其制品存在与传承的必要条件之一。因为实用,传统工艺及其制品才能世代延续,在科学进步、社会经济发展的浪潮中,一旦出现替代品,它们将受到猛烈冲击,甚至退出历史舞台。使用价值突出是传统工艺及其制品不断发展的土壤,重视传统工艺及其制品使用价值的挖掘十分重要。

(四)传承领域——区域鲜明

与世界的主流文化风格不同,中国传统工艺带有深深的民族和地域烙印。以民俗的民族性和地域性为例,如果说民俗的民族性获得是受民族居住地自然条件、社会生活,以及语言、心理、信仰等文化传统制约的结果,那么,民俗的地域性更是与其所形成的区域环境,包括自然资源、生产生活方式以及价值观、审美观的特点密切相关。所谓十里不同风,百里不同俗,就是对民俗的区域特点的生动概括。再以民间曲艺和民间故事来看,内容大多取材于当地民间生活,说唱语言、审美情趣都带有浓郁的地方特色。

（五）传承趋势——与时俱进

非物质文化遗产在其传承发展中会出现两种状况,一是传承保守,即保持其本质属性稳定;二是传承变异,即在其传承中引起某些本质属性改变。传统工艺非物质文化遗产一般由集体创作,并通过民间艺人口传心授的方式流传,具有高度的变异性。如在口头文学中,同一个题材的民间故事,不同的讲述人、不同的地区、不同的时代,故事情节便不一样,甚至同一个讲述者,每一次的讲述也不完全相同。这种变异有的是传承人在即兴讲述中加入了自己的认识、情感和表述风格,有的则是传承人为了适应不同地区、不同社会、不同时代的听众,刻意做出的改变。无论如何,非物质文化遗产的变异性与传承人的民族、区域文化背景有着直接的联系。

在当今社会,中国传统工艺越来越受到广大民众的关注和喜爱,但是大多数传统工艺的传承仍然延续着口传身授的形式,在传承过程中"活态"地传承,且传承的地域性十分明显,不同地区的同一种传统工艺各具特色,大部分传统工艺受经济发展或人们的审美观影响,在传承的过程中融入了新的文化元素,实现了形式上的创新。文化在社会发展进程中受多方因素影响,会发生一定的变异,中国传统工艺也不例外,其与时俱进的传承特点就是它变异的表现,外在形式的变异不可阻拦,但是作为传统工艺的核心部分——制作工艺,不能随便被改变。

二、中国传统工艺传承特点对传统工艺保护的影响

（一）积极影响

1.传统制造技艺是中国传统文化的一部分,它的传承能够使人产生"怀旧情结"

传统制造技艺源于民间,是一种乡土文化、区域文化、基层文化,凝聚着老百姓最纯真的情感,是中国丰富多彩的文化样态中的一部分。传统制造技艺的传承痕迹遍及人类生活的每一个角落,即使机器的轰鸣声破坏了传统制造技艺传承的文化生态,但是只要有传统制造技艺的"影子"在,就能够

使人产生"怀旧情结"。蓝印花布是中国传统的印染技艺,至今仍有流传。"由蓝印花布印染技艺衍生的新产品如靠垫系列、玩偶系列等,采用丝网印花,半手工或者机器印制,坚持使用豆浆和石灰的漂染剂,坚持漏板刮浆,通过产业化生产,降低了成本,实现了传统制造技艺的保护与创新、非物质文化遗产的保护与产业化发展的双赢。"①这种更新的印染技艺很符合广大民众的审美需求,在发展中融入了现代生活,使广大民众寻找到了情感的依托。

2.传统制造技艺的传承更趋环保、低碳,有助于使用者的身心健康

随着全球二氧化碳排放量的不断增多,人类社会正遭受着全球变暖、冰川融化、海平面上升、土地减少的威胁。低碳生活已经成为人类世界的一种生活方式,更是一种可持续发展的环保方式。比较而言,通过传统制造技艺所生产、制造的产品比机械化生产所创造的产品更具有低碳环保性,更有利于人们的身心健康。传统的植物纤维服饰和植物染色是一种民间传统工艺,它天然环保,不伤皮肤,染完的染料可用于养鱼。如我国古代用板蓝根染色的士兵战服,不仅没有有害物质,还对皮肤有祛毒消炎的作用。而如今的化学纤维服饰和通过化学染料染色的服装,甲醛、偶氮、增白剂等均超标,化学染料顺着毛孔进入皮肤后,容易使人患慢性病。再比如,海南省黎族传统棉纺织染绣(黎锦)技艺由黎族棉纺织工艺、麻纺织工艺及缬染工艺合并而成,是黎族人民创造的一项古老的传统制造技艺。这项传统制造技艺生产出了植物纤维花布,使用植物类染料,较少使用动物类、矿物类染料。"植物染料除了靛蓝类为人工栽培外,其他几乎都是野生的。"②真正体现了传统制造技艺节能环保的特性,深受人们喜爱。

(二)消极影响

1.机械化和产业化生产伤害手工生产的情感,破坏中国传统工艺的文化生态

随着市场上对传统工艺品需求量的不断增加,作坊式生产难以满足市场需求,此时便出现了传统工艺品的机械化生产。机械化生产使得传统工艺品的生产技术得到改进,加工程序减少,生产率大大提高,尤其以日常所

---

① 赵辰昕.唱响:非物质文化遗产保护专家访谈录[M].北京:中国发展出版社,2012:181.

② 于海广.中国的世界非物质文化遗产[M].济南:山东画报出版社,2011:415.

需的传统工艺类为主,如酿酒工艺、酿醋工艺、陶瓷烧制技艺、织染技艺等。当机械化生产达到一定比重,随着人口的剧增,对传统工艺制造品的社会需求量不断增加时,产业化生产就会出现。在我国传统工艺中,与人们生活息息相关的茶叶制作技艺、醋酿制技艺、酒酿制技艺、陶瓷烧制技艺、织染技艺、制扇技艺、金属加工技艺等都走向了产业化。但是,不可否认的是,机械化生产和产业化生产的出现破坏了传统工艺的原真性,伤害了传统工艺传承人的情感,正如柳宗悦所说:"机械往往被用来逐利,而产品则粗制滥造。而且,由于人类为机械所左右,剥夺了工人的种种乐趣。"[1]

2.传承人青黄不接,使中国传统工艺的传承陷入困境

由于我国对非物质文化遗产的关注时间较晚,对中国传统工艺的重视力度不够,现已出现了传承人青黄不接、传承困难的局面。例如,广西宜州水车制作技艺具有悠久的历史,祥贝乡大水车屯的水车修造与每户村民都息息相关,因为它不仅为全村农田提供灌溉,更关系着全村的粮食生产。但是,据大水车屯覃善强老人介绍:"现在村里能熟练掌握整个水车修造流程的人不多了,也只有几个年纪在 60 岁以上的老人还懂得这一整套技术。"[2]覃善强老人介绍的情况普遍存在,我国几乎所有传统工艺都是依靠口传身授的方式代代相传,但随着社会经济的不断发展,科学技术的不断进步,很多传统工艺陷入"人亡技绝"的困境,加强对传统工艺传承方式的保护刻不容缓。

中国传统工艺在社会发展中机遇与挑战并存。在文化大繁荣、大发展的改革呼唤下,明确中国传统工艺口传身授、生动鲜活、独特各异、区域鲜明、与时俱进的特点,杜绝以机械化、产业化生产代替传统的自给自足、作坊式生产模式,保护中国传统工艺传承与发展的生态环境,将中国传统工艺原汁原味地发展下去,是全社会共同的责任。

---

① [日]柳宗悦著;张鲁译.日本手工艺[M].桂林:广西师范大学出版社,2011:45.
② 姜振寰.技术史理论与传统工艺[M].北京:中国科学技术出版社,2012:175.

第三章　中国传统工艺与非物质文化遗产保护与开发现状分析

第一节　传统工艺与非物质文化遗产衰落的原因解析

在当前整个社会急剧向现代工业文明转型的时候,由于人们意识形态和观念的转化等多方面的因素,一些与非物质文化遗产相辅相成、唇齿相依的礼俗仪式在城市文化中遭到了消解,非物质文化遗产失去了生存与繁荣的土壤。

非物质文化遗产的衰微、衰落、凋零、消亡速度之快,到了令人心惊的程度,现状堪忧。具体分析,原因是多方面的。

一、生产生活方式与社会结构急剧变化

传统工艺非物质文化遗产都植根于一定的自然环境与人文环境中,并逐渐成为其分布区域内人文环境的重要组成部分。如同植物需要土壤、光照和水才能生长,这种自然与人文环境就是非物质文化遗产赖以存续的生态环境。在传统社会中,社会经济和文化等方面的变化是相对缓慢的,整体的社会结构因此相对稳定,所以作为传统手工艺存续的生态环境也相对是稳定的。但是在工业革命开始以后,到19世纪中期卡尔·马克思所处的时代,由于社会生产力的迅猛发展,马克思感叹在短短的一个世纪里人类所创造的社会财富就超过了之前人类社会的总和。而在此之后,人类社会以更快的速度发展,从经济基础到上层建筑乃至整个地球的生态环境都发生了巨大的变化,由此极大地改变了手工艺赖以存续的自然环境与人文环境。社会的主导产业由农业和手工业转变为工业与为工业服务的商业,传统工艺在社会生产中的重要性不断下降,诸多传统行业中的手工生产被机器生产取代,如纺织、铸铁、木器加工等。随着农业生产中机械化程度的提高,为农业生产提供工具的手工艺随之衰落。城市逐渐成为社会经济文化的中

心,社会优势资源向城市转移,城市化进程开始,乡村日益衰落,曾经广泛存在于乡村的手工艺随之衰落。城市化进程中,衣食住行等日常生活方式逐渐改变,与之相关的手工艺随之衰落。社会分工日益细化,家务劳动也日益社会化,妇女就业程度不断提高,以妇女为主要生产者的家庭手工艺随之衰落。而交通运输与信息传播技术的不断进步使世界工厂和世界市场成为现实,曾经的手工艺消费者有了更多的选择,本土工艺品的产地优势不再明显。

凡现代化与之接触之地,几乎都是传统工艺零落之地。在工业化强大的生产能力和现代文化强大的渗透能力面前,传统工艺没有或很少有用武之地。

二、信仰淡化、习俗变迁和外来文化冲击

在传统社会里,众多的传统工艺是为信仰或习俗活动以及一些特有的文化活动服务或因之而存在的。这是手工艺作为非物质文化遗产最为突出的特性之一,也使得众多的传统手工艺在具备生产行业特征的同时,又具有了一定的文化特性。因此,信仰、习俗与相关的文化活动是众多手工艺赖以滋长繁盛的土壤。

但是在工业革命之后,随着科技的发达与社会结构的变化,普遍出现信仰淡化甚至缺失,民俗弱化或消失的现象。传统工艺滋长的“土壤”减少、消失或者退化,就会导致传统工艺的衰微、消失和文化内涵的弱化。节日中舞龙舞狮所用的龙灯、狮子,都曾经是手工艺人的精心之作,但是现在大部分采用玻璃钢浇注模型制作。

各类民俗的弱化与消失是众多具有地方民族色彩的工艺衰落的重要原因。公众对当下传统民俗节日普遍的反应就是很多传统节日再也找不回过去的味道,没有了原有的氛围。节日观念的淡薄,原有的活动和内容消失减少,就直接导致了原有的手工艺的衰落。春节不再贴年画和灶画,是这两种手工艺品制作行业衰微的根本原因。元宵节不再张挂传统手工灯笼和举办灯会,直接导致很多灯彩艺人的改弦易辙。为民俗活动中的表演项目提供道具的手工艺在民俗活动减少或停止的时候,就难以为继了。

为文化艺术制作工具用具曾经是传统手工艺重要的组成部分,其中的典型有笔墨纸砚的制作、古琴斫制、民族乐器制作、国画颜料制作等,这些手工艺在我国曾经保持了长期的繁荣,并具有典型的传统文人文化审美情趣。还有部分手工艺是为一些特有的游艺健身文艺表演活动提供道具和工具

的,比如剧装戏具制作、武术刀剑等,都曾经甚为繁荣,并由此而达到了很高的艺术水平。但是随着全球化的推进,新的文化娱乐健身方式的兴起,依托这些文化艺术形式所存续的手工艺就随之而盛况不再或走向衰颓。

三、生产道德伦理的混乱和沦丧

一个地区一个民族的传统工艺基于该地该族的宇宙观、世界观,其生产与使用都直接或间接反映出相关人群对自然和社会与人的一种相关认知体系,并由此而逐渐形成了一个相对稳定的手工艺生产体系与人际关系体系。这其中对制作工艺所需材料的认识和材料的获取加工方式是手工艺最为核心的价值体系。在传统社会里,由于人类的技术力量和生产能力都相对有限,众多手工艺与流布区域内的自然环境是密切关联的。就手工艺的功能而言,主要为满足使用者的物质与部分精神需要,生产者与使用者大多是有着血缘或地缘或共同文化认同关系的人群,并且部分手工艺的生产者和使用者是合而为一的。手工艺所依托的生态伦理是敬畏自然,珍惜资源,所秉持的生产伦理是童叟无欺、诚信经营、货真价实。生产者与自然环境、生产者与使用者之间形成了一种相对密切并稳定的关联,其中生产者与使用者之间更具有一定的文化认同,这些是构成传统手工艺存续的深层文化要素。

但是随着工业生产的日益普及、交通与信息传递日益发达、全球化的迅猛推进,原有的社会经济与社会结构逐渐瓦解。原料与市场因交通和信息的发达而更容易获得,使得手工艺生产与所在区域的自然环境、生产者与使用者之间的关联逐渐疏离甚至剥离,手工艺所依托和秉持的生态伦理与生产伦理体系也由此而受到冲击逐渐弱化。与现代工业相比,手工艺在生产规模、生产能力上都存在着巨大差距,但在市场经济背景下,手工艺却必须和现代工业一起参与市场竞争,市场并不会因手工艺的先天不足而对其网开一面、另眼相看。

在巨大的生存压力面前,传统工艺的生产者就很容易放弃原有的道德伦理和文化内涵,转而遵奉利润优先、效益至上。在优先追求效率和利润的前提下,很多生产单位放弃了文化内涵的坚守,以低质低价去获得市场,追求数量上的增加,而忽视品质的提升或坚守,不注重挖掘自身的技艺个性和创造力,保持或提升创新与设计能力,而是以仿制拷贝畅销品种来代替研发新品,导致了手工艺产品的一窝蜂,使本已萎缩的市场很容易就达到饱和。手工艺所秉持的独特品质和文化内涵是手工艺与现代工业竞争的重要优势,当这些优势丧失,其对于手工艺的长期发展的危害性就更为深远,在很多手工艺行业，这些危害性已经显现。而对于一些经过数百年的积累而建立起良好声誉的地域手工艺和一些手工艺老字号来说，其危害性则更为致命。生态道德伦理的缺失弱化则导致了部分依托特定材料生产的手工艺，由于过度采掘而导致资源的枯竭、材料的匮乏，最终也使这些手工艺的特色丧失，难以为继，或只能寻找质量低劣的替代材料，徒有虚名。劣币驱逐良币，诚信经营的艺人就会深受其害，有时候他们不得不转而效仿那些卑劣的同行，于是导致整个行业的声誉下降。于是，很多工艺就陷入不做假劣早死，做假劣迟死的怪圈。

第二节　传统工艺与非物质文化遗产传统保护理念解读

传统工艺与非物质文化遗产是世界文化宝库中的重要内容，是人类历史发展过程中传承下来的精神产品，它所具有的文化内涵和信息，不仅是文化建设的重要资源，也是提升民族自豪感的重要途径，因此我们必须树立正确的传统工艺与非物质文化遗产保护的理念。

一、对传统工艺与非物质文化遗产保护理念的认识

传统工艺与非物质文化遗产的保护状况以及公共参与保护和共享保护成果的程度，彰显着一个国家、一个地区的社会文明程度以及社会公众生存发展的品位和质量。可以说，正确的非物质文化遗产保护理念的树立，是我们走向文化复兴的必然之路。

正确的传统工艺与非物质文化遗产保护理念至少包括如下几个方面：

第一，系统的整体观。从系统科学提供的理论出发，非物质文化遗产保护要树立整体保护的理念。也就是说，这里的整体性包括三层的意思：①对文化生态环境的保护。在这方面可以通过建立民族文化生态保护村等措施实现。②对于那些已经失去生存条件的文化形式的保护。在这方面可采取收入博物馆的方法加以保存；但对于那些仍然有生命力，又有开发潜力的传统手工艺和民间艺术，则可以进行合理开发，以生产性的方式加以保护。③对于正在消失的非物质文化遗产要进行抢救性保护。例如，一些传统的技艺、一些传统民间文学等等，掌握在我们一些艺人的手上和心里。那么这个人去世以后他的技艺如果说没有保存下来的话，没有传给后代的话，就会消失。所以我们要尽快用录音、录像、亲笔记录等方式把它保存下来。

第二,可持续的发展观。保护非物质文化遗产不是短期行为,而是一项长期而艰巨的巨大工程,需要一代又一代人的传承。因此,仅有应急性措施还不够,还需要有科学方法和法律体系以及政策的规范作为保障。地方政府应站在国家战略的角度,运筹帷幄,协调国家与地方、集体与个人的关系,制定长远的保护与发展的规划。这样才能使非物质文化遗产实现功能转型,从而实现非物质文化遗产的可持续发展。

第三,自觉保护的文化观。保护非物质文化遗产是一项重大的文化战略举措,我们要在"保护为主、抢救第一,合理利用、传承发展"的保护方针的指导下,自觉地传承非物质文化。我们现在正在由文化大国向文化强国迈进,正确地保护非物质文化,是进一步提升我国传统文化影响力和竞争力的重要体现,也是重塑国民情怀和提升民族自豪感的重要途径,在中华儿女的不懈努力下,灿若繁星的非物质文化遗产一定能够得到切实有效的保护。

综上所述,树立正确的非物质文化遗产保护理念,是建立在以人为本、全面发展、协调发展与坚持发展基础之上的整体性、生产性、依法保护、数字化、信息化、原真性、多元化、可持续性等的全面综合。

二、传统工艺与非物质文化遗产保护工作的主要模式

回顾过去的几十年,国际社会对我国现行的传统工艺与非物质文化遗产保护工作主要分为以下几种模式:

(一)静态保护模式

现阶段静态保护模式主要有以下几种具体的方式。

1. 档案式

档案部门拥有完整的档案管理设备与档案保护设施,充分利用档案部门开展非物质文化遗产档案工作,可以避免相关设施重复建设以及资源的浪费。档案馆(室)等档案部门是专业的档案管理机构,有一套完善的关于档案管理与保护的规章制度,虽然非物质文化遗产有其自身的独特性,但是已有的档案管理条例如《艺术档案管理办法》等规章制度完全可以为非物质文化遗产档案的管理提供很好的借鉴和参考。另外,现代档案馆公共服务意识和能力的提高也使档案馆参与非遗保护工作能够得以顺利开展。

2. 博物馆式

作为公益性文化机构的博物馆,不论在藏品、文化还是职能方面,与非

物质文化遗产都有着千丝万缕的联系。2002年10月在上海举行的国际博物馆协会亚太地区第七次大会专门通过了以"博物馆、非物质遗产与全球化"为标题的《上海宪章》(以下简称《宪章》),为建立社区参与制定非物质遗产资源清单的方法做出示范。《宪章》已经将博物馆与非物质文化遗产在职责层面上紧密相连。王巨山以潍坊杨家埠年画为例,探讨了博物馆在"非遗"保护方面的作用和功能[1]。韩洋认为博物馆因具有保护、保存遗产的科学设置和专业人员,而成为遗产界唯一的永久性机构[2]。方李莉探讨了产生于西方发达国家的生态博物馆理论在贵州长角苗"非遗"保护中的实际运用,用案例说明国外先进并且成熟的"非遗"保护理念在国内"非遗"保护中的指导作用及其存在的问题[3]。

3.数字化方式

数字化技术是一种信息处理技术,即将许多复杂多变的信息转变为可以度量的数字、数据,再据此建立起适当的数字化模型,把它们转变为一系列可以被电脑识别的二进制代码的技术。数字化技术是计算机技术、多媒体技术、智能技术和信息传播技术的基础。非物质文化遗产数字化保护,强调用数字化技术为"非遗"建立档案库、资源库、网站、博物馆、图书馆、展览馆、教材等,这种数字化方式在技术水平、展示效果等方面,无疑具有较高的科技感和生动性。张红灵从数字图书馆建设的角度提出用"非遗"数字化的模式对其进行保护[4]。

(二)立体保护模式

1.情景式

黄涛提出"非遗"的情景保护概念,并对其进行研究[5],在实践中,江苏省常熟市在"非遗"资源发掘与保护过程中,形成了一套情景复原的专访办

---

①　王巨山.手工艺类非物质文化遗产理论及博物馆化保护研究——以杨家埠木版年画制作工艺的考察为例[D].济南:山东大学,2007:13.

②　韩洋.非物质文化遗产与博物馆相关问题的探讨[J].博物馆研究,2006(3):68—75.

③　方李莉.非物质文化遗产保护的深层社会背景——贵州梭嘎生态博物馆的研究与思考[J].民族艺术,2007(04):6—20.

④　张红灵.数字图书馆建设中的非物质文化遗产数字化保护[J].四川大学学报(哲学社会科学版),2008(1):123—125.

⑤　黄涛.论非物质文化遗产的情境保护[J].中国人民大学学报,2006(5):67—72.

法。例如,在水乡婚俗的专访中,邀请当时参与这种仪式的喜娘、堂名鼓手、桶匠、竹匠相聚一堂座谈。喜娘谈礼仪、鼓手谈鼓乐和桶匠谈 16 只桶的工艺制作等,复原了当时的喜庆场景并予以记录保存。

2. 活态式

中华五千年文明有着深厚的文化底蕴与历史背景,传统的历史题材不仅是我们中华民族的文化标志,而且也是我们中华民族审美观与价值观的反映,集中体现了中华民族的文化特征与精神面貌。同时中国人有着根深蒂固的历史情结,文学艺术从历史取材的传统源远流长,"文史一家"的说法也印证了历史与文化的特殊关系。[①] 目前,对于非物质文化遗产的认识已经摆脱了"文化残留物"的层面,而更加关注对其"活态"保护途径的探索。所谓"活态保护",是与"静态保护"相对应的概念。以往传统的"静态保护"措施,如口头传统的文本记录、传统手工艺的博物馆展示,虽然对非遗事项起到了一定的留存作用,却将该事项从所属的"文化空间"中孤立出来,截断了其在生活中的源流,割裂了其与传承人之间的联系,固化了其发展与变化的趋势,难以凸显非遗较之于物质文化遗产所具有的"非物质"的特殊性。因此,在目前的非遗保护中,需要从非遗的特性出发,将生命原则、创新原则、整体原则、人本原则、教育原则相结合,确保被保护对象不仅仅是被留存,而是继续保持"生命力",在此基础上拓宽保护范围、探索保护途径。

3. 文化空间式

作为"非遗"保护中重要的概念,文化空间是演示非物质文化遗产最为集中、最为典型、最为生动的形态和形式。文化空间概念主要作为探讨各类文化形式、空间形式的理论依据与研究视角,在人类学、社会学、民俗学、地理学等诸领域进行了多维的呈现,对其概念与范围界定有诸多不同的表述,多学科的参与让文化空间研究领域蔚为广阔,同时也在一定程度上带来概念内涵的模糊与泛化。联合国教科文组织发布的《人类口头和非物质遗产代表作申报书编写指南》,将"文化空间"这一概念阐述如下:"文化空间可确定为民间或传统文化活动的集中地域,但也可确定为具有周期性或事件性的特定时间;这种具有时间和实体的空间之所以能存在,是因为它是文化活动的传统表现场所"。建立文化空间的保护,是许多国家保护文非物质化遗产的做法。国外的经验表明,将文化遗产、自然景观、建筑、可移动实物、

---

① 鞠月.浅谈影视作品的非历史化现象[J].电影文学,2013(12):16−17.

传统风俗等具有特定价值和意义的文化因素在适宜其生存的社区和环境中不加修饰地加以保存,使其成为"活文化",相对于博物馆式的保护,有其优越性。

(三)政府主导式保护模式

随着时代的发展,许多非物质文化遗产赖以生存的文化和社会环境已发生根本性的转变,其生存和发展面临着严峻的考验,针对非物质文化遗产的保护,一直存在很多争论,其本质是保护重要还是开发重要的问题,理性分析一定是先有保护才会有开发,对于非物质文化遗产重点是先开展有效的保护。对于此种现状,非物质文化遗产保护应"政府主导,社会参与,明确职责,形成合力"。

政府主导下的非物质文化遗产保护应"坚持保护文化遗产的真实性和完整性,坚持依法和科学保护,正确处理社会经济发展与非物质文化遗产保护的关系,统筹规划、分类指导、突出重点、分步实施",坚持十六字方针:"保护为主、抢救第一、合理利用、传承发展。"非物质文化遗产最大特点是活态流变性,非物质文化遗产是和人的活动息息相关的,是靠人传承下来的,因此,对非物质文化遗产传承的过程来说,人就显得更为重要。诚然,非物质文化遗产是一种社会存在,就要遵守一定规律,我们要介入"人"的力量对其进行积极保护和合理开发,使其能够不断地传承下去。

在经济、社会发展的过程中,对我国丰富多样的非物质文化遗产进行有效保护,并进而促进经济社会的全面、协调和可持续发展,是落实科学发展观,构建社会主义和谐社会的必然要求。具体而言,政府应该在抢救与保护非物质文化遗产中发挥主导作用。由政府主导我国的非物质文化遗产,是非物质文化遗产保护工作的现实客观要求。

(四)法律保护模式

非物质文化遗产具有公共产品的属性,并且兼具人文价值与资源价值;公法保护有利于守护非物质文化遗产的人文价值,而私法保护则有利于维护非物质文化遗产的资源价值;非物质文化遗产的法律保护应秉承人文价值至上的原则,以公法保护为主,同时兼顾资源价值,以私法保护为辅,公法保护与私法保护相互补充、相互协调,共同构建非物质文化遗产的法律保护模式。

三、中国非物质文化遗产保护理念的演变

非物质文化遗产保护理念由日本于 1950 年率先提出,经过韩国、法国、

菲律宾等国家的实践和联合国教科文组织的推动,经过50年的发展和认识深化,在2001年确立了其应有地位。

我国自2003年开展民族民间文艺保护工程,2005年开展非物质文化遗产保护工作,随着保护实践工作的深入而不断创新,符合我国国情的非物质文化遗产保护理念与保护体系得以初步建立并不断完善。而关于非物质文化遗产保护理念的可行性和不可行性的争论,推进了我们的保护理念的不断变迁,加深了我们对实际问题的认识,推动了我国的传统工艺与非物质文化遗产保护工作。

(一)以人为本的保护理念

在初期的保护实践中,由于认知的局限,保护工作在很多时候注重于实物的收集、展示,往往是把与非物质文化遗产相关的实物,如工具、工艺品甚至原材料等从非物质文化遗产传承主体手中或者民间散落的院落中收集上来,集中存放在一个场所,甚至存在以收集实物的多少作为评判保护工作成绩的重要标准的现象。这种不科学的保护方式恰恰忽视了遗产本身的精神内涵及文化意义,忽视了传承主体在非物质文化保护中的独特作用,将非物质文化遗产视为一些简单的物质文化载体和相关的文化表现形式,是极为片面的。

随着保护实践的深入,我们认识到非物质文化遗产不只包括这些物质层面的载体和表现形式,更为重要是在这些物质形式背后的精湛的操作技艺、独到的思维方式、丰富的精神蕴涵、神秘的行业禁忌等非物质形态的内容,而这些只有被非物质文化遗产传承主体所掌握。同时,我们也逐渐认识到非物质文化遗产的活力在于传承,而传承的载体就是来自各行各业的非物质文化遗产传承人。因为非物质文化遗产的最大特点就是它的非物质性,在其物质载体尚未形成之前,它们通常只是作为一种知识、技艺或是技能存在于传承人的头脑中。只有当他们将这些技艺技能施展出来的时候,人们才能感受到它们的存在。从根本意义上说,无形文化遗产的保护,首先应该是对创造、享有和传承主体的保护;同时也特别依赖创造、享有和传承这一遗产的群体对这一遗产的切实有效的保护。因为只有尊重、调动和依靠传承主体作为传承主体在非物质文化保护中发挥重要作用,才能使得非物质文化遗产项目有存在和传承的根基。

以人为本保护理念的提出,充分肯定了人的价值和作用,使得传承人和非物质文化遗产项目一并成为保护工作的核心,在一定程度上解决了"人在艺在,人亡艺绝"的保护难题。因为非物质文化遗产的主要特征是活态流变性,而且其大都是通过口传心授的方式才能使其表现形式不断流、不泯灭、不消亡。

(二)整体性保护的理念

在初期的保护实践中,由于认知的局限,我们往往将单一的非物质文化遗产物象从一种完整的、庞大的文化体系中抽取出来给予特别关注。但是,我们没有认识到非物质文化遗产非常重要的特点就是它的存在和传承中的混元性、现实存在的共生性以及和生活的不可分割关系。我们将这些非物质文化遗产物象孤立地保护起来,实质上就是破坏了项目的完整性,割裂其与相关物象的联系,影响了其原汁原味的传承,直接导致了保护项目的不完整,这与我们非物质文化遗产保护工作的初衷和目的渐行渐远。

随着非物质文化遗产保护实践的深入,我们逐渐认识到只有将其置于其生活、发展的原生土壤中,为其创造和维护适合生存的活水源,才能使其生生不息、原汁原味地传承,遂提出并探索了整体性保护的理念。在具体的保护实践中,我们通过建设生态博物馆、文化生态保护区、民俗村等措施,使其原状地保留和发展在其自身生长的环境和地域内。我们的这种保护理念的实践,既保护了非物质文化遗产的内涵与形式,又保护了传承人与生存环境;既保护了非物质文化遗产,又保护了与之相关的物质文化遗产、自然遗产等。

(三)生产性保护的理念

保护工作的初期,由于我们担心对非物质文化遗产项目造成损害,所以我们最初的保护实践存在不少将其作为弥足珍贵的文化遗产收藏起来,束之高阁。这种保护方式虽然保存了一些与非物质文化遗产相关的实物,但是也正是这种不正确的保护方式使得这些实物在某种意义上失去了其存在的价值。因为这些实物的价值就在于在非物质文化遗产的保护传承的实践中不断发挥作用,唯有如此,它们才有存在的意义。如果将其强行从保护传承实践的过程中抽取出来,那么这些实物与非物质文化遗产也就不再是一个完整物象,将严重地影响了其社会功用的发挥,也就阻碍了其传承发展。

生产性保护理念的提出并探索就是力图在非物质文化遗产传承保护与社会经济发展良性互动中尝试建立一种有效机制,使其在现当代社会中找到了合理的定位,在实现其社会功能的同时使得非物质文化遗产项目自身也得到传承保护。当然,鉴于不同类型的非物质文化遗产有着不同的特点和传承规律,因而生产性保护也仅仅是作为一种保护理念提出并实践的,并在传统技艺、传统美术、传统医药药物炮制类非物质文化遗产领域实施。目前,文化和旅游部批准了 41 个国家级非物质文化遗产生产性保护示范基地,希望通过这些示范基地的企业和单位生产性保护实践,积极探索和总结非物质文化遗产生产性保护的做法和经验,从而进一步加强非物质文化遗产的保护和传承。

(四)依法保护的理念

2003 年 10 月 17 日联合国教科文组织第 32 次大会通过的《保护非物质文化遗产公约》指明了非物质文化遗产的概念及其范围,同时颁布的《申报书填写指南》为各国的申报工作提供了一种可以借鉴的模式。这标志着由联合国教科文组织主导的、各国参与的非物质文化遗产保护进入了一个新的阶段。我国初期的保护就是在这个国际法指导下开展的。

但是,如要深入而且富有成效地开展保护工作,就必须探索符合本国实际的保护理念。《保护非物质文化遗产公约》虽然为我国的保护工作提供了国际法依据,但是若不详细分析我们面临的实际情况而盲目将其照搬到我们的保护实践中,势必因其"水土不服"而达不到预期的保护效果。于是,我国学者开始在国际法和国情现状的基础上积极进行理论的探索与完善,并将其不断地付诸保护实践中,《国务院办公厅关于加强我国非物质文化遗产保护工作的意见》和《国家级非物质文化遗产保护与管理暂行办法》等文件的实施标志着有民族特色的保护理论和制度体系逐步开始构建。但是,若仅仅停留在学理和制度层面,恐怕这些理论的探索和实践得来的经验还不能充分发挥作用。学术界和有关职能部门尝试将其上升为法律制度和国家意志,以求实现非物质文化遗产保护工作的法治化。

以 2011 年 2 月《中华人民共和国非物质文化遗产法》的颁布为标志,我们的非物质文化遗产真正进入到"有法可依,有法必依,依法行政,依法保护"的新阶段,实现了将关于非物质文化遗产保护的理念和经验上升为法律制度,将有关部门的工作职责上升为法律责任,有利于非物质文化遗产保护工作的深入开展和逐步完善,更符合国家实际的非物质文化遗产保护工作体系。

(五)原真性和原生态保护的理念

初期的保护工作中,由于认知的局限导致存在不少以某种价值观念和某些肤浅时尚的审美趣味为标准,对非物质文化遗产项目改编或借创新开发之名随意篡改的现象,使得此类"保护"成为某种意义上的新破坏。目前,我们在一些地区尤其是旅游区经常可以见到一些原生态的歌舞被按照时尚的审美趣味加以改造,古老村落被开发成喧嚣的旅游区,给人一种不伦不类的感觉。

原真性和原生态保护理念探索与实践逐步改变了这一状况,使得非物质文化遗产项目的真实状态得以保护,使得更多的文化基因得以留存。原真性和原生态保护,就是减少政府、学界、社会资本、新闻媒体等外部力量的过多介入,让非物质文化遗产在其自身的环境中生长,其终极目的就是确保非物质文化遗产的真实性。从某种意义上讲,非物质文化遗产的所有价值都是建立在其真实性基础之上,若真实性一旦丧失,非物质文化遗产也就不复存在。

(六)可持续性发展的保护理念

在我国初期的保护实践中,我们往往把非物质文化遗产项目相对封闭地保护起来,在很大程度上限制了传承主体的创新意识,将其完全禁锢在非物质文化遗产项目的母本之上。但是,我们也发现单纯的保护会影响其社会功用的实现,脱离社会需求的非物质文化遗产更容易淡出人们的视野,进而失去传承的空间,我们的保护工作也就达不到保存历史、教育后代的目的。

随着保护实践的深入,我们认识到保护非物质文化遗产的核心目的是促进人类社会的文化创新和文化多元化。非物质文化遗产是人类历史实践过程的当下演变,更是当下实践过程的留存与映照,因而传承主体自身就肩负着传承与创新的双重职能,既要把自身所掌握的非物质文化遗产毫无保留地传承下去,又在自己的保护与传承实践中不断有所创新,使得非物质文化遗产项目在保护核心技艺完整性的基础上因传承主体的传承而有所增益。于是,我们在全面解读非物质文化遗产的基础上,牢牢把握其核心技艺与工艺流程的完整性,并鼓励传承人履行传承与创新的双重责任,进行适当的探索与创新,支持其在非物质文化遗产的实物层面实现功能转型和审美提升,使项目本身由于时代的实践而有所创新和增益,真正意义上实现非物质文化遗产的可持续发展。

(七)多元化保护的理念

初期的保护中,政府发挥着主导型的作用,而且由于社会认知度较低,非物质文化遗产保护在某种意义上就是政府独自在保护。当然,我们应充分肯定政府在长期的非物质文化遗产保护中所发挥的积极作用,因为政府"具有的强大的行政资源、经济实力、话语权",所以政府"完全有可能为身处风雨飘摇中的非物质文化遗产搭建起一座牢固的足以抵御外来文化冲击的防护大堤"。但是,我们在保护实践中也逐渐意识到,由于我国幅员辽阔,政府财力有限,且诸多非物质文化遗产项目散存于各地,尤其是一些相对封闭和经济落后的地区,政府的保护范围难以实现全面覆盖,因而存在许多保护项目和区域未能享受政府的相关保护政策。

随着学理研究和保护实践的深入,我们逐渐认识到社会力量是非物质文化遗产保护中的重要组成部分,是对政府主导力量的有益补充。若能将其作用发挥得当,将对于良好社会氛围的营造、资金投入的充沛、理论研究的推进、后继人才的培养、相关行业的自律、建立监督管理体制等起到极大的促进作用,实践中,我们通过持久且形式多种的宣传教育不断提高了社会公众的非物质文化遗产的认识度和保护工作的参与度,重视并鼓励科研院所、新闻媒体、行业协会、社会资本、民间研究等力量积极参与到非物质文化遗产保护工作中来,并为他们创造参与保护工作的便利条件,使政府倡导公众保护逐渐成为广大民众自发自觉的保护,保护力量由一元化发展为多元化,使"政府主导,社会参与,明确职责,形成合力"的保护原则逐渐落到实处。

(八)信息化、数字化保护的理念

自我国保护工作开展以来,我们对非物质文化遗产的认识由民族民间文艺逐步拓展到包括传统技艺、传统医药等多个领域。在没有现代化工具的过去,我们通常是用笔录或物质化保存的方式来记载非物质文化遗产,但是这种保护方式很容易造成被保护对象信息的缺失。卡片式记录的保护方式在西方国家数十年的实践已经证明是行不通的,因为人们无法对通过辛苦调查得来的大量成果进行科学而有效的管理,更无法进行科学而有效的运用。虽然照相机、录音机的使用使非物质文化遗产的实践过程的再现成为可能,但是这些保护方式所取得效果并不是全面的,尚不能够提供给大众一个完整的非物质文化遗产的意象。

随着保护范围的扩大和保护实践的深入,我们发现传统的保护手段"无法记录大量难懂难记的方言,无法记录详细的讲述场景",于是我们在原有保护手段的基础上,"尽可能利用各种高科技手段,将非物质文化遗产所隐含的各种信息尽可能全面地记录并保存下来"。我们有选择地使用了数字化、信息化等新的保护方式,既解决了传统保护手段不能原貌和活态保护的难题,又更便捷地实现了其资源的持续利用和信息化建设。同时,信息化和数字化建设为非物质文化遗产,尤其是"面对侵蚀和消失风险的文化元素提供了更强有力的保护和恢复手段,广泛的传播也加强世界各地不同的文化的交流",有利于推进各层面的保护交流工作。

(九)传承主体相关权益保护的理念

过去,由于对传承主体主体作用认知的缺乏,往往仅仅给予其精神鼓励(多是口头表扬),而未解决其实际问题,使得传承主体的积极性难以调动。很多非物质文化遗产项目存在于落后的地区,许多非物质文化遗产传承主体的生活还是十分艰苦,精神鼓励也只能带来短暂的精神慰藉,传承主体还是不可回避地面临着生计的问题。不能保证其基本的生存和发展,就难以让传承主体一心一意地传承非物质文化遗产,这是极为现实的问题。

随着保护实践的深入,我们将精神鼓励与物质奖励并用,并尝试通过法律制度来对其相关权益进行保障。如今,我们不但给予其相应的精神鼓励,授予其相应级别的荣誉称号,而且广为宣传,并定期表彰,提升其社会地位和声望,为其获得生活资源提供便利条件。同时,还给予其一定的生活补贴,一些地区还提供了必要的医疗保障,解决其现实问题。通过非物质文化遗产领域的知识产权制度的探索,努力从法律层面完善和明确其职责与义务、其权利及相应收益。又通过探索传统工艺非物质文化遗产项目督察机制和传承人退出机制,从正反两层面调动了传承主体的传承保护的积极性。

传统工艺非物质文化遗产的保护理念将随着我国保护工作的实践,不断地被赋予新的时代内容,并不断修正和完善以往的保护理念,这非但不是对前期研究成果的否定,恰恰是在肯定前人理论研究成绩的基础上,进一步丰富和完善了具有我国特色和时代气息的保护理论体系。

第三节　传统保护理念局限性剖析

随着时代的发展,传统保护理念在理论和实践层面上也出现了一些缺陷和不适应,主要表现在以下方面:

一、传统保护理念无法保护非物质文化遗产本身及其文化生态空间

非物质文化遗产有物质的载体,但却通过非物质形态体现出它的价值。非物质文化遗产的表现和传承都是一个活态的过程。"活态性"和"流变性"是非物质文化遗产特有的性质,"非遗"与物质文化有着截然不同的特质,它不可能像出土文物或古建筑那样凝固封存于某个历史时空点,而是在变化着的社会生活中不断变异和重构,与社会同步发展,不能将其仅仅作为遗留物来保护。传统保护模式过度依靠博物馆、档案馆和图书馆,但各种馆藏均无法复原其原生态的文化氛围和文化背景,这就使"非遗"脱离了其生存的文化生态,逐渐变成被固定下来的文物,中断了"非遗"的发展,会使"非遗"逐渐丧失活力。不可否认,各种馆藏的"非遗"制成品或者相关的图文资料,为"非遗"保护和传承提供了良好的背景资料与素材,但毕竟无法保留原生态的非物质文化遗产本身及其文化生态空间。

二、传统保护理念重传统、轻创新

传统非遗保护理念一般比较注重对遗产本身的稳定性的延续和保护,认为非遗就应该保持"原汁原味",否则就是破坏,以至于非遗保护出现僵化的现象。一些地方热衷于非物质文化遗产馆的建设,展示了大量的实物、图片、视频和文字,但更多是"物的展览",忽略了与之密切相关的传承人,呈现出越来越明显的"博物馆化"。一些地方在非遗创新上走了弯路,把非遗变为精髓尽失的"转基因"产品,弱化甚至异化了传统文化的内涵,实质上就是对非遗项目的破坏和伤害。

非遗是活态的文化遗存,忽略非遗本身的变化,把非遗与现代生活割裂,只会让非遗生存空间越来越小。要以更加开放的心态面对传统与现代的冲突,把非遗置于其所赖以产生的生产实践中去保护,推动非遗的生产性保护,使其更好地融入现代生活。要"活水养鱼",既要重视非遗的呈现形式,也要重视培育孕育非遗生存的土壤,实现"见人""见物""见生活"。要综合运用数字媒介技术,做好非遗数字化传播展示,加快非遗资源数据库建设,妥善保存相关实物、资料,让非遗"听得见""摸得着""带得走",使更多的非遗得以留诸后人,发挥传承文化滋养文明的作用。

三、传统保护理念重经济、轻传承

许多地方对非遗项目的申请是从经济角度出发,更看中非物质文化遗产的金字招牌,推进非遗项目产业化,进而拉动经济发展。那些可以直接产生经济效益的非遗项目,往往存在过度开发的情况,很多非遗项目被"符号化"规模生产,有些甚至被人为改造成其他形式,完全与原生态保护的原则背道而驰,造成消极影响。同时,也有一些非遗项目受到市场接受程度低、短时间内难以掌握技艺、家族性传承的限制等因素影响,再加上生存压力大、缺乏职业荣誉感,使得年轻人很难真正进入非遗领域,传承人的老龄化、青黄不接的现象突出,部分非遗项目依然面临失传的危险。

非遗保护必须平衡好保护传承和创新开发之间的关系,不能一味地迎合满足市场需求,如果只考虑开发而忘却保护,非遗就很难避免开发性破坏。要推动非遗项目合理开发,在保持非遗产品形态和文化内涵的前提下,扩大非遗项目的品牌影响和产业链条。要防止非遗项目过度商业化,依法制止打着非遗保护的幌子来谋取商业利益的行为,对于滥用非遗代表性项目或者过度开发的情况,应视情责令其限期整改,或做出变更保护单位、撤销代表性传承人资格等处罚。要加大对非遗传承人的支持和扶持力度,解决年轻人进入非遗领域的后顾之忧,切实增强他们的参与感、获得感和荣誉感,让每个非遗项目都后继有人。

第四章　中国传统工艺与非物质文化
遗产保护的意义与基本原则

第一节　传统工艺与非物质文化遗产保护的重要意义

加深对保护非物质文化遗产意义的了解,可以进一步深化我们对非物质文化遗产的认识,可以更好地指导我们的保护实践。本节依据《保护非物质文化遗产公约》《世界文化多样性宣言》等国际文书以及我国《非物质文化遗产法》等法律文件的有关表述,探析在国际一级和国家一级两个层面保护非物质文化遗产的意义。

一、国际一级保护工作的意义

建立国际机制、重视国际一级非物质文化遗产保护工作有着重要意义。对于保护非物质文化遗产和保护文化多样性工作的性质,联合国教科文组织前总干事松浦晃一郎曾说过,这既是一项科学的工作,又是一项和平、发展与人权的基础工作。从国际来看,保护非物质文化遗产的终极目的毫无疑问是为了促进人类社会的和平与发展,它在一定程度上深化了我们对人类社会历史发展规律的认识。

(一)保护工作有利于维护世界和平与促进发展

1.保护非物质文化遗产有利于强化文化在人类社会发展中的地位和作用

发展是人类社会消除贫困、走向共同繁荣的根本途径;促进人类社会可持续发展是国际社会的共同目标和使命;解决好发展中的问题,是国际社会也是每一个国家的政府所关注并努力加以解决的迫切问题。

国际社会非常重视文化在发展中的地位和作用。1991年教科文组织发起成立了以联合国秘书长佩雷斯·德奎利亚尔为首的世界文化和发展委员会,着手研究文化与发展的关系。1995 年秋,教科文组织发表了该委员会编写的题为《我们创造性的多样性》的报告。为落实该报告提出的有关建议,1998 年 3—4 月,教科文组织与瑞典政府合作在斯德哥尔摩召开了文化政策促进发展政府间会议。这是教科文组织继 1982 年墨西哥城文化政策会议以来讨论文化问题规模最大的一次政府间会议。会议将文化视为发展的基础,对文化多样性、文化与发展的关系、文化权利、国际文化合作等问题进行了广泛讨论,通过了《文化政策促进发展行动计划》这一重要文件。《文化政策促进发展行动计划》就文化与发展关系提出了一系列原则性建议。

保护非物质文化遗产本意是在保护我们文化的多样性,它使得我们社会更具创造力,使得世界的发展更有活力。因此,《世界文化多样性宣言》认为文化和文化多样性是"发展的因素",文化多样性增加了每个人的选择机会,是发展的源泉之一,它不仅是促进经济增长的因素,而且还是令人享有满意的智力、情感、道德精神生活的手段。人们普遍认为,文化和经济发展之间的关系体现在世界上所有文化中。经济发展是文化发展的目标,文化发展也是经济发展的目标。如果经济发展一直是人类文化的一部分,那么可持续发展将使得人类在新的千年出现新的世界文化。

但非物质文化遗产的脆弱性以及文化生态的严酷性,也使得一些人认为非物质文化遗产在促进世界发展方面不可能有什么作为。这些思想是不符合实际的。《保护非物质文化遗产公约》关于非物质文化遗产的定义就明确强调,受保护的非物质文化遗产指的是那些能够符合可持续发展的非物质文化遗产,这在范围上将保护对象限定在仍旧具有发展动力的非物质文化遗产范围内。这个定义说明,列入保护范围的非物质文化遗产自身和经济、社会的可持续发展具有本质上的相似性,保护那些能够满足可持续发展需要的非物质文化遗产是与发展相协调一致的,它使得经济社会的发展建立在尊重文化特性、对文化差异持宽容态度的基础上,最终将促进世界实现持久和平与公正。

2. 保护非物质文化遗产有利于促进国家间的合作与交流,有利于维护世界和平,有利于构建和谐世界

我们今天对文化的特性和普遍性有着深刻的认识。一方面,联合国教科文组织的《伊斯坦布尔宣言》认为文化作为多种表现形式从主要方面体现了各民族和社会的文化特性,不仅是一个国家和民族历史成就的标志,也是许多民族、群体、社区的基本辨别标志。另一方面,文化又具有普遍性,它是

不同文明之间增进理解、促进交流的重要方式之一,尊重文化多样性和在不同文化间开展对话是世界和平与发展的重要保证之一。

如果我们只看到文化的独特性,那么人们将更多地看到文化间的冲突和文化对抗的存在,看到更多的文化部落主义、文化保守主义和"文明冲突论"。文化部落主义和文化保守主义都是一种故步自封的文化心态,只不过二者的区别在于,前者较为自卑而后者较为自信而已。"文明冲突论"是美国哈佛大学教授、著名政治学家塞缪尔·亨廷顿于1993年提出来的,对当代文明理论的发展有着重要影响。在亨廷顿看来,未来国际冲突的根源将主要是文化的而不是意识形态的和经济的;全球政治的主要冲突将在不同文明共同体之间进行。亨廷顿认为文明冲突是未来世界和平的最大威胁,因此确立文明之间的界限很重要。亨廷顿虽然也承认文明之间的竞争性共存,但他从自己"西方中心主义"的立场出发,认为文化之间或文明之间的冲突是主要的,西方文明正受到伊斯兰文明和儒家文明的共同的威胁和挑战。"文明冲突论"的根本性错误是把世界文化一刀切成"西方和非西方"的,以地域、种族和文化划分人类,把其他任何文明都和西方文明对立起来。亨廷顿的"文明冲突论"提出来后招致了德国哈拉尔德·米勒等"文明共存论"的广泛批评。

相反,如果我们重视和充分认识到文化的普遍性,那么我们就将能够看到不同文化在促进世界交流和合作、维护世界和平方面大有作为。我们今天保护非物质文化遗产工作本身就是国际文化合作的一种结果。联合国教科文组织通过的《国际文化合作原则宣言》,从本质上可以说明国际社会长期以来对合作推动文化遗产保护和文化发展的意愿。也就是说,对于充满各种冲突和矛盾的当今世界,建立在文化普遍性认识和国际文化合作基础上的非物质文化遗产保护事业,将有利于缓解文明冲突,增进不同文化之间的真正对话,增强国际团结与合作,维护世界和平。

3.保护非物质文化遗产有利于人类社会应对各种现代性危机以及严重的社会问题

全球化和现代化在给我们的世界带来巨大变化的同时也带来了许多问题和危机。这些危机和问题遍布在人类社会生活的各个领域和方面。有学者把人类社会面对的这些危机概括为自然病态和生态危机、社会病态和社会危机、心理病态和精神危机、人际病态和道德危机、文明病态和价值危机五大类。但不论看作何种危机分类,现代化带给人类社会的主要危机是人的"异化"和"物化",它使得人类的发展充满各种危险。

面对人类社会前所未有的全面危机,我们必须在文化创新的同时,努力寻找和利用各方面的智慧以及资源,尤其是发掘传统文化所蕴含着的丰富的思想资源,来解决经济全球化所不能解决的人类和谐生存、可持续发展和精神走向等问题。非物质文化遗产在本质上往往是价值理性和工具理性相结合的一种综合体:它一方面反映了非物质文化遗产所有者的价值理念;另一方面也反映了所有者对非物质文化遗产功利性的某种追求。它对其自身现实问题的关切往往是独特和独有的。因此,面对作为人类祖先世代相传的智慧结晶和宝藏的非物质文化遗产,我们必须学习祖先的智慧,来创造一个更加美好的可持续发展的未来。从理论上分析,作为"文化活化石"的非物质文化遗产同样具有一般文化的三个特性:即作为全部生活方式的文化、作为资本的文化和作为创造力的文化。其中,在作为创造力的文化方面,非物质文化遗产与精英文化的创造性不同,它是大众创造能力的产物。在全世界所有的非物质文化遗产中,绝大部分非物质文化遗产都是各民族、族群、社区人民在自己特殊的生活生产方式中为解决某种特定的社会问题或规避某种可能产生的问题而创造形成的,它们有的在规范人类社会秩序方面、有的在处理人与自然和宇宙关系方面、有的在治病强身等人类自我生存方面等有着自己独特的思维方式和问题处理技巧,显现出独特的智慧和创造力。同样,作为创造力的源泉,非物质文化遗产将激起人类社会的创新。从事实来看,非物质文化遗产已经在为解决各种严重的社会问题作出自己的贡献。事实也说明,非物质文化遗产是人类重要的智库资源之一,保护非物质文化遗产就是保护人类社会的创造力,它使得我们今后在应对现代性危机以及严重的社会问题方面、在构建和谐社会方面将更有创造性。

(二)保护非物质文化遗产有利于维护世界文化的多样性

保护非物质文化遗产对于文化自身的存在和发展同样具有重要意义,它将有利于我们树立全人类文化观和生态法则文化观,有利于捍卫文化多样性和保护文化传统,有利于文化创新。

从1972年制定《保护世界文化和自然遗产公约》起,国际社会一直强调在文化遗产保护方面坚持世界性、全人类的立场和"突出的普遍性价值"原则。公约强调:"保护不论属于哪国人民的这类罕见且无法替代的财产,对全世界人民都很重要","考虑到某些文化遗产和自然遗产具有突出的重要性,因而需作为全人类世界遗产的一部分加以保存。"1989年,联合国教科文组织在《保护民间创作建议案》中强调："民间创作是人类的共同遗产。"1998 年,联合国教科文组织在《宣布人类口头和非物质遗产代表作条例》中强调:文化遗产"是各国人民集体记忆的保管者,只有它能够确保文化特性永存"。2001 年,《世界文化多样性宣言》指出:"文化在不同的时代和不同的地方具有各种不同的表现形式。这种多样性的具体表现是构成人类的各群体和各社会的特性所具有的独特性和多样化。文化多样性是交流、革新和创作的源泉,对人类来讲就像生物多样性对维持生物平衡那样必不可少。从这个意义上讲,文化多样性是人类的共同遗产,应当从当代人和子孙后代的利益考虑予以承认和肯定。"

1. 国际社会强调文化的全人类价值具有合理性

第一,从文化社会学的视角来考察人类文化的形成、变迁、影响和传播,我们会发现,自 20 世纪 90 年代以来,令人瞩目的新经济的信息化、全球化与网络化特征促进了当代人类文化的形成。由于信息技术的飞速发展,极大地推动了全球化的进程,缩短了时空距离,地球作为一个大社区已形成为一个无形的网络社会,而信息社会的一致性必然导致不同文化为全人类所共享,在这个基础上人们产生了文化共生共享的互动理念,认识到文化的整体性和普遍性价值。在后工业化时代,文化已经为全人类所拥有,全人类也在共同创造新文化。因此,在这个意义上,继续把"文化的马赛克"不同文化之间隔阂或偏好已经不合时宜了。

第二,从文化哲学的理论上讲,无论是西方文化还是东方文化,无论是传统文化还是现代文化,都是人类文化的构成部分。在今天,不论是在当代社会发展中出现的现代文化,还是丰富多彩的民族民间文化、非物质文化、土著文化,都可以成为所有地域所有人民的共同文化资源。处于地球村时代的我们,应该建立人类文化的意识,应该淡化接受文化过程中的异己感。从这个意义上说,国际社会倡导文化多样性、文化遗产保护理念,就是在强调文化的全人类性和世界性,强调任何文化都应视为现存人类的共同财富。每个人、每个民族都有权利获取它、享受它。

2. 国际社会在强调非物质文化遗产的价值时还突出了文化生态法则

文化生态法则和全人类文化观在以人为本和生态主义哲学理念上深化了对非物质文化遗产价值体的认识。非物质文化遗产保护中的文化生态法则是以生态科学观、生态哲学观、生态伦理观为基础,重构人与自然、文化的关系,确定了非物质文化遗产的自然属性和自然权利。《世界文化多样性宣言》中指出,文化多样性对人类来讲就像生物多样性对维护生物平衡那样必不可少。文化多样性与生物多样性是密切相关、不可分割的。

所以,全球经济越是呈现一体化发展,就越要注意保持世界文化的多样性、多元化。如果全球经济一体化的同时导致了文化的单调化,人类社会就会陷入单调、单一之中,丰富多彩的人类文化就会枯萎死亡。因此,重视非物质文化遗产的保护传承,发挥其历史文化价值,显示其文化多样性的资源和作用,对在全球经济一体化狂潮下保持文化的多样性、多元化、本土化、民族化具有十分重要的意义。

(三)保护非物质文化遗产有利于促进特定文化权利的实现

1950 年,T. H. 马歇尔将人权发展阶段描述为:18 世纪是公民权利的世纪,19 世纪是政治权利的世纪,20 世纪是社会权利的世纪,人们普遍认为 21 世纪是文化权利的世纪。文化权利在新世纪被重视主要有四个原因:

(1)人均 GDP 增长、恩格尔系数下降,人们对文化消费需求增长。

(2)现代化发展要求公民文化素质与之相适应。

(3)民主政治使公共管理由权力理性走向权利理性。

(4)知识经济对人创造能力的要求和尊重等。

这四个方面的原因促进了文化权利在新的世纪受到普遍关注,促进了文化权利事业的发展。

文化权利是属于特定文化的人的权利,因这些文化而形成。所以说保护文化多样性是我们保护非物质文化遗产的核心,保护文化权利是保护文化多样性的有利条件。保护非物质文化遗产将促进文化平等权、文化认同权、文化经济权益等文化权利的实现。

1.文化平等权

人类文明是由各种不同文化组成的,全世界有数量众多的不同文化,不同文化有着自己独特的价值。但文化的存在价值和社会群体的地位之间的关系是不平衡的。在人类历史的任何一个特定时期、任何一个特定地方,都可能存在着多数与少数、统治与被统治、霸权与屈从的不同文化群体。一般而言,非物质文化遗产是一种弱势文化。以联合国教科文组织宣布的第一批"人类口头和非物质遗产代表作"19 个项目为例,其中少数民族或部落的非物质文化遗产占有相当比重,它们多数是鲜为人知、未为人关注、极为珍稀的少数民族、少数族群、特定信仰群体或弱势群体的文化。

作为弱势文化,非物质文化遗产普遍面临着文化空间被挤压,甚至是被

"文化灭绝"或"文化群体灭绝"的威胁。以世界语言为例,据统计,目前世界上大约有 6000 种语言,其中 2500 种正濒临消亡,还有更多的语言正在丧失使它们作为实用语言存在的生态背景。针对这种情况,国际社会积极提倡文化平等和加强对弱势文化的保护,这对文化平等权利的实现起到了积极的作用。但 20 世纪 90 年代以来,文化歧视和文化压迫的势头又有所增长。理论上的表现就是文化帝国主义,如汤林森文化帝国主义理论、亨廷顿文明冲突论以及福山历史终结论等。对非物质文化遗产发展最不利的是文化帝国主义理论,在这种理论的影响下,许多文化并没有获得应有的尊重和平等对待,其中一些文化(主要是西方文化)被人为地赋予了一种普世性的价值,而另一些文化(主要是弱势文化)则人为地被视为落后文化,造成了对某些文化事实上的歪曲、歧视和压迫。这种以地域、种族、经济发达程度来评判文化的立场与文化平等观念是背道而驰的。而国际社会在 20 世纪尤其是 20 世纪 90 年代以来大力提倡的保护文化遗产和保护文化多样性理念,是对文化帝国主义理论的一种批判,这在很大范围和程度上保护了不同文化之间应有的平等权益。

造成弱势文化被排挤和被歧视的原因,从现代政治符号学的角度来看还包括文化技术壁垒。在现代数字技术条件和全球化需求下,西方国家在文化商品和文化服务国际贸易中根据自己的价值观强制设置技术标准,即准入门槛,使得许多弱势文化被排斥在国际交往之外,对一些弱势文化造成了事实上的不平等对待或歧视。而且这种文化的标准化发展趋势压制了文化个性,其实质也是文化帝国主义。

针对非物质文化遗产生存空间被压缩的事实,联合国以及教科文组织通过的许多文件均强调不同文化之间应该平等对待、互相尊重、相互交流和加强了解。1966 年《经济、社会和文化权利国际公约》第 15 条载明:人人有权"参加文化生活"。1966 年《国际文化合作原则宣言》:第 1 条规定"各种文化都具有尊严和价值,必须予以尊重和保存","每一民族都有发展其文化的权利和义务","所有文化都是属于全体人类的共同遗产的一部分,它们的种类繁多,彼此互异,并互为影响"。2001 年,《世界文化多样性宣言》中明确指出:"每个人都应当能够参加其选择的文化生活和从事自己所特有的文化活动。"2003 年,《保护非物质文化遗产公约》在宗旨中强调:要"尊重有关社区群体和个人的非物质文化遗产","在地方、国家和国际一级提高对非物质文化遗产及其相互欣赏的重要性的意识"。1989 年,《保护民间创作建议案》强调"保证各文化团体有权享有自己的民间创作"等。可以说,保护非物质文化遗产、尊重不同文化价值观、加强不同文化之间的交流和对话,是促进文化多样性和文化多元化发展的基础;而要夯实这个基础,就必须树立平等的文化观。

当然,一个国家或一个社会内部同样存在着文化多样性,不同文化之间也存在歧视和压迫的可能,这是一个文化公正的问题。由于各种原因,一些非物质文化遗产在某一国家或一个社会内部常常面临着不公正的对待,而不公正的对待可能会导致严重的后果。某一国家或一个社会内部要实现文化平等权并让人人享有文化尊严,又与政府政策密切相关。因此在保护非物质文化遗产等方面,制定基于平等的文化政策是至关重要的。

2.文化认同权

文化不仅是一个国家和民族历史成就的标志,也是许多民族、群体、社区的基本识别标志。世界上原本存在着多种多样的文化,人们在各自不同文化的熏陶下,在语言及生活样式等社会生活的基本方面形成基本一致的观念。这种一致的观念形成了不同文化的人们对自己文化的普遍认同。

人们普遍认为,人们对自己文化的认同权应该得到应有的尊重和维护。文化认同是一笔财富,它鼓励各民族各群体从历史汲取营养,从外界吸收与自己相融的特点,不断创造,使人类永葆自我实现的能力。对文化认同的肯定有助于民族解放;反之,任何形式的控制和歧视都构成剥夺或破坏文化的认同。今天的人们已经普遍认识到:如果不承认文化权利和文化多元,真正民主的社会就无法正常运行。非物质文化遗产与物质文化遗产一样,反映了一个民族、族群、社区和国家对自身特性的认同和自豪感以及被世界认可的程度,是维系一个群体或民族文化认同的重要纽带。毫无疑问,保护非物质文化遗产将有助于维护少数人群成员的文化权利,可增强非物质文化遗产在全球化和文化同一化过程中的竞争力,为维护少数人群体的文化认同权起到作用。非物质文化遗产的多种表现形式从主要方面体现了各民族和社会的文化特性,它是一个生动活泼以及实践、知识和表现可以不断再创造的整体,它可以使社会各层次的个人和社区都能够通过各种系统的价值观和伦理标准来表现自己的世界观,它在社会中产生归属感和连续性。因此,保护非物质文化遗产毫无疑问地将有助于保护少数人群体的文化认同权,有助于保护处于弱势地位的少数人群体的集体文化权利。

3.文化经济权利

非物质文化遗产的保护在三个方面尤为重要:传承人的保护、非物质文化遗产本身的保护、相关的精神与经济权利的保护。非物质文化遗产往往是由特定人群的集体性文化创造的,比如其中的传统医药、农业、技术技能、生态知识以及传统音乐、故事和设计等文化表达形式,是具有经济价值或潜在经济价值的——这就必然产生了非物质文化遗产经济权益保护的内容。

因此,保护非物质文化遗产必然要重视保护非物质文化遗产的经济权利。1989 年联合国教科文组织在《保护民间创作建议案》中指出,非物质文化遗产是人类的一种智力成果,对它的保护应该纳入知识产权保护体系:民间创作作为个人或集体的精神创作活动,应当得到维护,这种维护应和精神产品的维护相类似。这一保护十分必要,通过这种手段可以在本国和外国发展、保持和进一步传播这种遗产,而同时不损害有关的合法利益,除民间创作维护中的知识产权方面外,在有关民间创作的资料中心和档案机构里,有几类权利已经得到维护并应继续受到维护,为此,各会员国应关于知识产权方面呼吁有关当局注意教科文组织和世界知识产权组织在知识产权方面开展的重要工作,但同时也承认,这些工作只涉及维护民间创作的一个方面,故在各方面采取不同的措施是保护民间创作的当务之急。关于包含的其他权益:①保护作为传统代表的消息提供者(保护私生活和秘密);②通过注意使收集的材料完好合理地存档的方式维护收集者的利益;③采取必要措施,使收集的材料不至于被有意无意地滥用;④承认档案机构有责任注意对收集之材料的使用。《实施教科文组织世界文化多样性宣言的行动计划要点》第 13、16 条强调:"制定保护和开发利用自然遗产和文化遗产,特别是口头和非物质文化遗产的政策和战略,反对文化物品和文化服务方面的非法买卖","为了当代创作工作的开展并使创作工作得到合理的报酬,保证著作权及其邻接权得到保护,同时捍卫《世界人权宣言》第 27 条所规定的公众享受文化的权利"。

世界知识产权组织对文化遗产知识产权保护作出了贡献。世界知识产权组织从 1978 年就开始介入和指导非物质文化遗产和民间文化的知识产权保护工作,并较早地将民间文化与生物资源、传统知识一起列为知识产权保护的新的重要方面。1982 年世界知识产权组织和联合国教科文组织通过了《保护民间文学艺术表达形式,防止不正当利用和其他损害性行为国内示范法条》。该文件将民间文化列为知识产权保护对象,并规定使用民间文学艺术营利要经过政府有关部门或经授权的组织的许可,还要缴纳使用费用用于国家文化保护和发展。1985 年,两国际组织联合通过了《保护民间文学表达,反对非法开发和其他有害行为协议草案》。1997 年还联合召开

"保护民间文化形式国际论坛",并通过一项《行动法案》指出:在民间文化的法律保护方面需要建立一个新的国际标准。1998—2000年WIPO分别召开非洲、亚太地区、加勒比地区、拉美地区4个地区的研讨会,派出考察团前往不同国家,与当地政府、行会组织、博物馆的人员以及农民、手工艺者、艺术家进行交流,了解他们所掌握的技术及他们所需要的保护。1998年召开全球联席会议,将政府官员、民间组织代表和民间艺人召集到一起,探讨如何用知识产权方式来保护民间艺术和文化。

但从现实来看,保护非物质文化遗产或民间文化权益是大多数发展中国家的愿望,联合国教科文组织和世界知识产权组织所确定的保护原则未能得到一些发达国家在国内立法方面的支持。典型的例子是,联合国教科文组织第33届大会通过《保护和促进文化表现形式多样性公约》时,美国对该公约持强烈的反对意见,主张文化产品及其服务领域应纳入到世贸组织自由贸易规定的范畴,并对该公约投下反对票。该公约获赞成票148票,美国和以色列投了反对票,澳大利亚等4个国家投了弃权票。这说明,非物质文化遗产知识产权保护之路将是非常漫长的。

二、国家一级保护工作的意义

我们强调保护非物质文化遗产的世界性立场和"突出的普遍性价值"原则,这并不与坚持保护非物质文化遗产的民族立场和国家立场相矛盾——非物质文化遗产是一个和国家与民族紧密联系的概念。

联合国教科文组织非常强调和重视非物质文化遗产的民族性,联合国教科文组织的《伊斯坦布尔宣言》认为:对于许多民族,非物质文化遗产是本民族的识别标志,是维系社区生存的生命线,是民族发展的源泉,无形文化遗产的多种表现形式从主要方面体现了各民族和社会的文化特性。在《宣布人类口头和非物质遗产代表作条例》的申报规定中明确指出:"列入《名录》的作品必须是……突出代表民族文化认同,又因种种原因濒于失传的文化表现形式";民族性是评审非物质文化遗产的重要标准:"其是否具有确认各民族和有关文化社区特性之手段的作用,其是否具有灵感和文化间交流之源泉以及使各民族和各社区关系接近的重要作用,其目前对有关社区是否有文化和社会影响。"所以说,越是民族的就越是世界的,越是全人类的。

在保护非物质文化遗产方面,我们坚持非物质文化遗产保护世界性和民族性立场的统一。我国是发展中国家的代表,中国人口地域和历史的特性决定了中国非物质文化遗产存在和保护情况具有一定的代表性。对于中华民族而言,非物质文化遗产是中华民族的情感基因,是我们集体记忆的根源,也是我们今天与过去的沟通渠道。

因此,在国家一级保护非物质文化遗产对于我们的国家发展和民族复兴具有非常重要的意义。《中华人民共和国非物质文化遗产法》第四条即阐明:"保护非物质文化遗产,应当注重其真实性、整体性和传承性,有利于增强中华民族的文化认同,有利于维护国家统一和民族团结,有利于促进社会和谐和可持续发展。"具体而言,保护非物质文化遗产有利于我们借鉴先人的智慧和创造力掌握文化发展主导权,促进文化创新和民族文化现代化;有利于社会主义文化和经济社会的协调、可持续发展;有利于维护国家文化安全和文化主权,进一步拓展文化空间;有利于促进全社会正确认识世界遗产的意义和价值,承担起保护人类文明的国际义务;有利于促进我国人权和文化权利事业的发展、促进公民文化权利的实现,以满足不同群体尤其是非物质文化遗产参与各方的文化需求;有利于带动我国对历史文化遗产的全面保护,全方位地弘扬传统文化,维系文化命脉;有利于扩大世界对中国传统文化(特别是对丰富的民族民间文化)的了解,改变或破除世界对中国陈旧的、落后的负面印象,重塑中国形象;有利于促进世界各地华人(特别是大中华文化圈)对中国文化的了解与传承,提高他们的文化认同感和自豪感,进一步增强民族文化的凝聚力,增强民族自尊心和自豪感,促进祖国统一和实现中华民族的伟大复兴,等等。

正因为如此,对于为什么要保护非物质文化遗产,大多数中国学者在谈论这个问题时主要还是从民族利益出发的。

(一)保护非物质文化遗产有利于保护我国传统文化及民族文化的多样性

丰富多彩的非物质文化遗产是文化多样性的生动体现。保护非物质文化遗产的核心内容就是保护传统文化,保护文化多样性。

今天,我们的传统文化和多样文化生存面临着普遍危机。现代化进程的加快发展,在世界范围内引起各国传统文化不同程度的损毁和加速消失,这会像许多物种灭绝影响自然生态环境一样影响文化生态的平衡,而且还将束缚人类思想的创造性,制约经济的可持续发展及社会的全面进步。这里概括地揭示了传统文化和多样文化所面临的危机、危机产生的原因及其后果。

国际上,保护非物质文化遗产国际文书非常强调要面对这一现实危机。

2002 年,联合国教科文组织的《伊斯坦布尔宣言》中强调:"主要因冲突、不宽容、极端重商主义、无控的城市化或乡村的衰败等原因,无形文化遗产面临消亡或边缘化的危险。"人们普遍认识到,导致传统文化和文化多样性危机的原因是多方面的。一是社会历史原因。在全球化、信息化、商业化经济社会环境下,一些传统文化或部族、土著、社区文化所赖以生存的社会结构和形态、功能和性质发生了很大的变化或不再存在,作为传统社会文化表达方式的传统文化由于不能适应这种变化而逐渐走向消亡。新出现或形成的文化大体上是与市场经济、消费社会的经济社会形态相适应的,是与个体主义和自由主义的价值观念和交往方式、与市场经济或法治经济所要求的民主主义的法治、民权主义的政治、平等正义的分配原则和道德观念相适应的。反过来,传统文化正因为不具备这些适应性而失去生存和发展的活力,它的消亡是必然的。二是外来文化影响。这在全球化进程中表现得尤为明显。由于传统文化和现代文化之间对比悬殊,不同文化之间往往是一种单向交流,弱势文化虽然可以接受强势文化的合理影响,但现实社会的发展不可能给一个文明几百年甚至上千年的时间来接受这种影响并调整自己的文明,因此在不同文化之间相互影响产生作用形成新文化之前,传统文化就已经在加速消失了。三是传统文化自身的原因。如某些非物质文化遗产通过家族亲缘关系传承或师徒关系传承的特点或特殊性加剧了传统文化的生存危机。

在我国,传统文化面临的这种整体性危机要引起我们高度警觉和重视。我们今天所进行的非物质文化遗产保护事业,实质就是在延续我们祖先的创造力,它将帮助我们积极、有效、从容地应对在发展中遇到的各种困难和问题。相信通过我们今天保护工作的开展,一定会扭转许多珍贵的非物质文化遗产项目衰亡的态势。

要正确处理好非物质文化遗产保护与发展、开发与利用的关系,我们必须处理好非物质文化遗产保护利用与可持续发展之间的关系。比如,鄂伦春人将传统的桦树皮工艺予以创造性优化发展的例子。鄂伦春人在新的历史条件下保护和发展了自己民族的传统文化,他们的做法和经验值得我们学习借鉴。在徽州文化生态保护区、闽南文化生态保护区,这些成功的例子比比皆是。非物质文化遗产的生产性保护方式,就是以这些传统手工技艺类项目的成功经验为基础总结提出的。

以我国《非物质文化遗产法》的颁布为标志,说明党和政府非常重视非物质文化遗产保护和发展之间的重要联系,将保护工作纳入国家发展战略。

保护那些能顺应可持续发展的非物质文化遗产对于落实科学发展观,实现可持续的经济、文化全面协调发展具有重要意义,它能进一步推进经济、政治、社会、文化及自然协调发展,促进社会全面进步和人的全面发展,促进我国社会主义现代化建设。

(二)保护非物质文化遗产有利于促进祖国统一和中华民族大团结

我国中央政府和各级地方政府都非常重视非物质文化遗产保护工作与促进国家统一、民族团结之间的紧密联系。比如在闽南文化生态保护区,大力传承和弘扬闽南文化这一海峡两岸人民同根同源、不可分割的文化见证,保护好海西文化遗产,既是在为祖国统一大业奠定深厚的思想和文化基础,也是在保护好两岸人民共同的根、保护好两岸并肩携手共谋发展的文化基础。这几年来,闽台非物质文化交流的成效使得海西各种文化遗产得以保护传承并璀璨生辉,促进了海西地区经济和文化的共同繁荣,也增进了两岸同胞的相互了解和认同,对增强两岸同胞民族情感融合与合作发展发挥了积极作用。

同样,共同的文化遗产和文化记忆是联结全球华人中华民族精神和情感的重要纽带,生活在全世界各地的华人华侨,通过共同的文化记忆和葆有共同的文化生活方式,增强了中华民族的自豪感和归宿感,这对凝聚民族力量,促进中华民族伟大复兴具有非常重要的意义。在国内,注重保护各少数民族的非物质文化遗产能够进一步落实我国的民族政策,促进各民族的大团结、发展和融合。

(三)保护非物质文化遗产有利于促进全民文化自觉,促进文化创新和发展先进文化

非物质文化遗产是一种人类的创造,其有益于世界发展的普遍价值更是世界和人类社会发展的重要动力和精神源泉。《保护非物质文化遗产公约》在前言和定义中强调,尊重和保护非物质文化遗产是为了促进文化多样性和人类的创造力,是为丰富文化多样性和人类的创造性作出贡献。保护非物质文化遗产的核心目的是促进人类社会的文化创新和文化多元化,我们今天致力于保护非物质文化遗产,就是致力于促进全民文化自觉,促进文化创新和发展先进文化。

在不同文化系统之间,保护非物质文化遗产将促进多元文化的发展。人类生存方式的多样性决定了人类社会需要多元文化。《世界文化多样性宣言》将文化多元化视为与文化多样性"这一客观现实相应的一套政策",指

出"在日益走向多样化的当今社会中必须确保属于多元的、不同的和发展的文化特性的个人和群体的和睦关系";文化多元化"与民主制度密不可分,它有利于文化交流和能够充实公众生活的创作能力的发挥"。《实施教科文组织世界文化多样性宣言的行动计划要点》要求:"促进文化多元化方面的知识与良策的交流,为多元化社会中来自四面八方具有不同文化背景的个人和群体的融入和参与提供便利。"

在一个文化系统内部,文化创新是文化发展的生命之源,而文化遗产又是文化创新的源泉。2001 年,《世界文化多样性宣言》第 7 条"文化遗产:创作的源泉"指出,"每项创作都来源于有关的文化传统,但也在同其他文化传统的交流中得到充分的发展";2002 年,《伊斯坦布尔宣言》指出:非物质文化遗产"被认为是创造性和文化创作的主要源泉之一"。文化创新的内涵十分丰富,包括文化思想和观念、内容和形式、体制与机制、领导方式和管理模式,等等。保护非物质文化遗产将在这些方面促进各民族文化和世界文化的创新。

我国文化创新和发展先进文化的性质是社会主义的。我们要掌握当代文化发展的主导权。在当代中国,发展先进文化就是发展面向现代化、面向世界、面向未来的,民族的、科学的、大众的社会主义文化。党和国家一贯重视扶持对重要文化遗产和优秀民间艺术的保护工作。而我们时代的文化遗产是中华民族优秀文化的重要体现,也是我们时代文化创新的重要源泉。我们对传统文化和非物质文化遗产的保护实质是一种创造性的转化,就是用中国特色社会主义的先进文化所具有的价值取向、思维方式、道德观念和行为方式来改造、更新传统文化,使之符合现代化的要求,使之在自我超越中获得新的生命力。

因此,为了中华文化的发展,为了在世界多元文化格局中保持中华文化的竞争力,为了文化创新和发展先进文化,我们必须重视对文化遗产的保护和创造性转化。所以说,保护就是创新,只有做好非物质文化遗产的保护工作,才能有力地促进我国社会主义先进文化的发展和中华文化的不断创新。

(四)保护非物质文化遗产有利于促进我国和谐文化建设

人类社会和文化的发展走向和谐境界是一个历史的必然规律。追求有序、共存的和谐文化是社会文化系统自我发展的一种必然结果和最终形态,它代表着人类社会文化系统发展的方向。在新世纪、新阶段,我国确立了建立社会主义和谐社会的伟大目标。促进和谐文化建设,可为构建社会主义和谐社会提供强大的思想道德力量。中国的非物质文化遗产在历史上为中华民族和谐文化的形成和发展作出过重要的贡献,它也是我们今天建设社会主义和谐社会、树立和落实科学发展观的重要思想资源。从这个意义上来说,保护非物质文化遗产将有利于促进我国和谐文化的建设与发展。

和谐思想是中华文化固有的价值观、世界观和人生观。构建人与自然、人与人(特别是人与群体)的和谐是我国传统文化和绝大部分非物质文化遗产的思想基础和核心价值理念。而以"和谐"为思想核心和价值取向,奉行和谐理念为主要内容的文化形态、文化现象,都可以统称为和谐文化。和谐文化在思想观念、价值体系、行为规范、文化产品、社会风尚、制度体制等各个方面有多种存在方式或表现形态。和谐文化最核心的内容,就是崇尚和谐理念,体现和谐精神,大力倡导社会和谐,坚持和实行互助、合作、团结、稳定、有序的社会准则。

非物质文化遗产中蕴含着大量的和谐思想以及行为规范。非物质文化遗产在本质上往往是价值理性和工具理性相结合的一种综合体,它对其自身现实问题的关切往往是独特而有效的。绝大部分非物质文化遗产都是各民族、族群、社区人民在自己特殊的生活生产方式中为解决某种特定的社会问题或规避某种可能产生的问题而创造形成的,它们在规范人类社会秩序、构建"公序良俗"的社会环境等方面有着自己独特的思维方式和问题处理技巧,它的存在对历史上一定范围内的和谐社会的存在和发展起着决定作用。当前,要建设和谐文化,离不开对中国非物质文化遗产中和谐思想观念的继承和发扬。非物质文化遗产中的许多积极因素可以直接作用于和谐社会的建设,人们通过遵循非物质文化遗产中的一些规定性要求来适应和谐社会的要求,来帮助我们解决人类的和谐生存、可持续发展和精神走向等问题。另外,非物质文化遗产本身就是一个稳定的文化系统,我们可以在思想观念、价值体系、行为规范、文化产品、社会风尚、制度体制等方面向非物质文化遗产汲取有益的东西,使得我们的和谐文化建设更具有民族性和大众性。

非物质文化遗产对关注人的内心和谐有着特殊意义。人的内心和谐靠的是充满血肉的情感,它能使人产生愉快、喜爱、慈悲、怜悯、理想、信仰等情感的和谐情愫。而非物质文化遗产的传承靠的是心灵感受,这种心灵的感受往往能激发我们情感的共鸣。从这个意义上来说,非物质文化遗产又是一个承载人类多种情感信息的载体,是一个储满人类情感的仓库。由此,我们也可以把非物质文化遗产看作人类一种特殊的情感遗产,它对人类的情感活动有着特殊作用,在处理人与人、人与群体、人与自我关系方面蕴含着一种自足、祥和、安宁的和谐特质,能给人们带来无限的欢乐和愉悦。由于非物质文化遗产作用于人的情感,使人达到内心和谐,进而给人与人、人与社会带来和谐,所以我们必须充分重视和发挥非物质文化遗产能感染人们情感因素的特殊功能,扩大非物质文化遗产对构建人的内心和谐的作用,使非物质文化遗产的保护工作真正为建设和谐文化、构建和谐社会作出贡献。

非物质文化遗产本身作为一个和谐文化系统,虽然没有我们今天所要建设的社会主义和谐文化那么复杂,但是我们一定要以正确的态度来对待非物质文化遗产,从建设社会主义和谐社会、树立和落实科学发展观的高度,在充分认识非物质文化遗产保护在建设和谐文化、构建社会主义和谐社会中的作用的基础上,让古老而鲜活的非物质文化遗产在今天的和谐文化建设中发挥重要作用。

(五)保护非物质文化遗产有利于促进我国文化事业和文化产业的大发展、大繁荣

非物质文化遗产的保护水平与一个国家的经济水平尤其是文化产业发展水平有着密切关联。一般来讲,非物质文化遗产保护程度离不开一个国家文化产业发展程度和文化政策制定执行水平情况。因此,在非物质文化遗产保护方面,联合国教科文组织非常重视和强调缔约国在国家一级保护工作层面应注重提高文化政策制定执行水平和积极发展文化产业。

1. 保护非物质文化遗产有利于促进我国文化立法,提高文化政策制定与行政管理水平

政府拥有权势和公共资源。政府文化政策的制定和实施直接影响着非物质文化资源的配置和使用,直接决定着保护非物质文化遗产的成效。促进成员国文化政策发展和政府文化权力的合理科学运用是联合国教科文组织工作的一项重要内容。1982年《墨西哥城文化政策宣言》、1998年《文化政策促进发展行动计划》都对文化政策发展问题给予了专题讨论。国家一级保护非物质文化遗产需要配套的国内法律、政策和行政环境。2001年,《世界文化多样性宣言》中提出:"每个国家都应在遵守其国际义务的前提下,制定本国的文化政策,并采取其认为最为合适的行动方法,即不管是在行动上给予支持还是制定必要的规章制度,来实施这一政策。"2011年,我国颁布和实施了《非物质文化遗产法》。这是继《中华人民共和国文物保护法》颁布以来,我国文化领域的又一部重要法律,它不仅提升了我国文化立法的层次和水平,而且丰富了我国法律体系的内容,在我国文化建设立法中

具有里程碑意义。它的出台为我国文化领域其他立法提供了有益的经验。

除了文化立法,还要致力于文化管理体制改革和行政水平的提高。一定时期以来,我国政府文化行政部门所应对和管理的主要是精英的、上层的、艺术的、生产性的、见诸文字的、物质的和可视的部分,对民间的和大众的、生活的、非文字的、非生产性的、非物质的和无形的文化遗产基本不行使管理职能。这说明,多数的非物质文化遗产存在于文化管理体制之外,近年来,特别是《中华人民共和国非物质文化遗产法》颁布之后,这种状况才有了根本性的改变。我国的非物质文化遗产保护涉及文化、旅游、文联、民族、教育、医药等多个政府管理部门和社会团体,没有一个高效和统一的管理机制,保护工作效率和成效就难以呈现理想的结果。随着文化部非物质文化遗产司、中国非物质文化遗产保护中心和各级非物质文化遗产保护中心的设立,保护工作管理机制不健全、难以取得成效的状况已有了重要的改变。国家非物质文化遗产法颁布之后,保护非物质文化遗产需要我们在立法、政策制定和文化行政方面加强工作。

2. 保护非物质文化遗产有利于提高我国文化产业的发展水平

目前,世界上文化产品和文化服务的流通和交换存在着严重的失衡现象,文化产业发达国家对发展中国家具有明显的文化贸易优势,这对文化多样性和发展中国家的文化主权、文化安全构成了很大的威胁。针对这种情况,国际文书强调发展文化产业。1998 年,《文化政策促进发展行动计划》中指出:"鼓励文化合作,尤其是合办文化产业项目(生产、投资和权利转让)的文化合作。考虑到社会经济、技术与文化变革的迅速发展进程和国家与国际一级现存的日益增大的差距,以及正视文化产业发展和文化产品交易所造成的各种危险与重大问题,尊重著作权和知识产权的重要性。"2001年,《世界文化多样性宣言》中提出:文化服务和文化产品不应被视为一般的商品或消费品,而文化政策应当在确保思想和作品的自由交流的情况下,利用那些有能力在地方和世界一级发挥其作用的文化产业,创造有利于生产和传播文化物品和文化服务的条件,面对目前世界上文化物品的流通和交换所存在的失衡现象,必须加强国际合作和国际团结,使所有国家,尤其是发展中国家和转型期国家能够开办一些有活力、在本国和国际上都具有竞争力的文化产业。《实施教科文组织世界文化多样性宣言的行动计划要点》要求:"帮助发展中国家和转型期国家建立或加强文化产业,并为此合作建立必要的基础结构和培养必要的人才,促进建立有活力的当地市场,并为这些国家的文化产品进入世界市场和国际发行网提供方便。"

对非物质文化遗产的合理保护和产业化开发利用,可提高非物质文化遗产开发利用的产业化程度,增强文化国力,还可进一步保护文化遗产当事人权益。这方面好的例子很多,比如四川自贡灯会产业就是一个典型例子。

需要特别提到的是,发展文化产业、实现我国在世界文化产品与服务流通和交换中的平等地位,必须重视数字技术的发展。联合国教科文组织注意到:要树立平等的文化观,必须消除非物质文化遗产交流和对话之间的"数字鸿沟";只有技术上的进步才能打破不平等的"游戏规则"或歧视性的技术壁垒。1998年,联合国教科文组织《文化政策促进发展行动计划》"在信息社会的范围内并为信息社会促进文化和语言的多样性"的目标中,要求各国在文化政策层面关注文化遗产保护的技术问题。2001年,联合国教科文组织在《实施教科文组织世界文化多样性宣言的行动计划要点》中倡导缔约国,促进"数字扫盲",将信息与传播新技术作为教学计划中的学科和可提高教学工作效率的教学手段,提高掌握这些新技术的能力,促进数字空间的语言多样化,鼓励通过全球网络普遍地利用所有的公有信息,与联合国系统各有关机构密切合作,向数字鸿沟宣战,促进发展中国家利用新技术,帮助这些国家掌握信息技术,并为当地文化产品的数字化传播和这些国家利用世界范围的具有教育、文化和科学性质的数字化资源提供方便。到了2002年,联合国教科文组织的《伊斯坦布尔宣言》仍旧在强调全球化和数字技术带给世界文化单一化严重威胁的同时,已经乐观地看到:"通过新信息和传播技术的利用有利于无形文化遗产的传播,同时新信息和传播技术也创造了值得保护的数字化遗产。因此,全球化有利于形成一套全人类共同的参照标准,从而推动更好地了解他人和尊重多样性的团结和宽容。"所以,我国应该在保护非物质文化遗产方面充分利用全球化和数字技术带来的优势,以强有力的数字化手段来保护自己的非物质文化遗产,扩大自己的文化在国际交往中的话语权,为我国成为文化强国作出贡献。

(六)保护非物质文化遗产有利于消除发展差异,促进地区间经济社会文化均衡发展

从保护工作实践来看,保护非物质文化遗产对国内一些特定地区经济社会的发展是有着特殊意义的。近年来的保护实践证明,重视保护非物质文化遗产对一些经济相对落后地区的社会发展起到了很大的促进作用:一些地区通过非物质文化遗产的生产性保护,通过旅游观光、经贸活动,都大大促进了当地生产,发展了经济,扩大了对外交往,提高了人民群众的生活水平和当地社会的发展水平。这对减少全国发展城乡差异、地域差异、民族区域差异发挥了明显作用。我国许多非物质文化遗产丰富的地区，往往也是经济社会发展相对落后的地区，因此，在地方一级来看，保护非物质文化遗产工作，在促进地区间经济社会文化均衡发展方面具有非常重要的意义。

（七）保护非物质文化遗产有利于年青一代的文化启蒙和爱国主义教育

党和政府非常重视非物质文化遗产保护在促进文化认同和爱国主义教育方面的重要作用。2005 年 3 月国务院办公厅印发的《关于加强我国非物质文化遗产保护工作的意见》强调，要充分发挥非物质文化遗产对广大未成年人进行传统文化教育和爱国主义教育的重要作用，广泛开展非物质文化遗产的宣传展示和普及教育活动。《意见》充分表明了我们党和政府对保护中华民族非物质文化遗产的高度重视，将有力促进我国年青一代对我国文化的认同，将极大地推动年青一代对我国非物质文化遗产的了解、保护和传承。

这些年来的保护实践也证明，各地非常重视非物质文化遗产保护"进校园"等教育活动，取得很好的教育效果，它既丰富了乡土教育内容和乡土教材，对年青一代的文化启蒙起了很好的作用，也促进了年青一代对家乡文化的认识，培养了民族文化自豪感，增强了年青一代爱家、爱乡、爱国的理念；反过来，这种教育结果更有利于我国传统文化和民族文化的保护。

保护非物质文化遗产是人类社会一个伟大的文化工程，其意义是多方面的。对不同地区、社区、团体和个人而言，保护非物质文化遗产既有共同的意义又有不同层面的意义。本节简要分析了保护非物质文化遗产在国际一级和国家一级两个层面上的主要意义，从某些程度上来讲，这些"意义"都是"应然"的，至于其能否成为"实然"意义，则需要我们在保护工作中去努力实现。

第二节　传统工艺与非物质文化遗产保护的主要原则

非物质文化遗产保护是一项长期的、系统的实践工程，涉及各方面的利益和要求。因此在实施这项工程时，既要考虑非物质文化遗产自身规律和特点，又要考虑非物质文化遗产现状，还要考虑非物质文化遗产保护的不同主体的不同的价值诉求,等等;当然,还要借鉴人类在物质文化遗产保护和自然生态保护中的经验,要吸取人类此前在非物质文化遗产领域保护的具体的经验教训。非物质文化遗产的保护应该遵循以下几个原则:

一、生命原则

保护非物质文化遗产,就是要确保它的生命力,这是由非物质文化遗产的本质所决定的。非物质文化遗产不像物质文化遗产那样是已经死去的静态的物,而是一种具有生命力的活态的精神。保护对这种精神遗产唯一能够发挥作用的就是确保其在代际之间传承时保持其固有的生命力。这就是非物质文化遗产保护的生命原则。

在理解生命原则时,不能把非物质文化遗产的生命与自然的生命等同,虽然我们对非物质文化遗产生命力的理解在一定程度上是受了自然生命力观念的影响。自然的生命力是由许许多多个体的生命构成的,虽然每个当下的个体生命是在前代个体生命的基础上遗传与变异的结果,与其前代有一种内在的联系,但其作为生命个体仍然具有独立的意义,尤其对人类而言,其独立性更为明显。但非物质文化遗产不同,它的生命力除了体现其代际之间的关联外,还与人类自身具有密不可分的关系,是人类精神活动的具体呈现。所以,非物质文化遗产的生命是由人类代际之间的精神传承和创新来体现的,是祖先的精神创造和实践活动的再现和发展。

非物质文化遗产保护的生命原则,就是采取措施确保人类代际之间精神传承和创新的自然、自由,确保代际之间共同的精神创造活动的存在和发展,确保非物质文化遗产以自己的方式生存和传承。

生命原则要求非物质文化遗产保护要做到:其一,尊重非物质文化遗产的自身的发展规律,尊重非物质文化遗产的自我发展权利;其二,允许并鼓励非物质文化遗产的传承与创新;其三,尊重并保护传承人对非物质文化遗产宣传和传承的权利。

二、系统原则

欧洲大陆在工业革命之前,对文化遗产的保护主要集中在对有形的、单个的文物古迹的保护上面;近代以来,则扩大到对文物古迹对象周边环境的保护;其后又扩大到对以某个历史建筑群为主体的历史街区、历史区域乃至某个古城镇的保护。这种物质文化遗产的保护原则对非物质文化遗产保护的借鉴意义是：非物质文化遗产保护不应该只针对具体的、个体的非物质文化遗产。世界各国对自然生物保护中的生态保护原则对非物质文化遗产保护的借鉴意义是：非物质文化遗产保护不应该是只对主体的保护，还应该包括对其环境的保护。物质文化遗产保护与自然生态保护的经验在非物质文化遗产保护的最大体现就是系统原则。

所谓系统原则，就是在非物质文化遗产保护中坚持系统论，即把非物质文化遗产看作一个完整的有机系统，既要保护本体，又要保护本体之间的联系，还要保护环境，使非物质文化遗产的自我生态系统得以修复并可持续发展。系统原则强调非物质文化遗产的整体性和系统性，不仅表现为自身的系统性，还表现为其与周围环境的系统性。

与系统原则相关联的表述是整体原则、生态原则。非物质文化遗产保护的系统原则是生态原则和整体原则的有机结合，不仅要求对非物质文化遗产的保护要全面、整体，包括非物质文化遗产中的物质和非物质的因素、主体的和客体的因素，而且要求对非物质文化遗产的保护要系统，包括非物质文化遗产自身的系统、与周围环境共生的系统等。非物质文化遗产本身是一个联系的系统，要建立对非物质文化遗产本质的认识，不仅要看其内在的联系，而且要看其外在联系。

三、人本原则

人本原则就是指非物质文化遗产的保护要尊重传承人的意愿，要重视对传承人的保护，要以传承人为本。

从非物质文化遗产的存在与发展而言，传承人具有本体的意义。与物质文化遗产不同，传承人不是单纯的遗产接受者和传递者，他同时也是非物质文化遗产的创造者、革新者，离开传承人来谈非物质文化遗产的存在和发展，是毫无意义的。从非物质文化遗产的价值而言，非物质文化遗产的价值具有普遍性，同时又有特殊性，普遍性价值以特殊性价值为基础。普遍性价值是世界、国家、地区、民族等开展非物质文化遗产保护的依据，特殊性价值则是遗产传承人自觉传承和创新非物质文化遗产的内在动力。所以，尊重传承人的价值诉求，保护非物质文化遗产的特殊价值，是非物质文化遗产保护的基本出发点。

人本原则应该是非物质文化遗产保护的基本法则，非物质文化遗产的调查、申报和保护都要尊重非物质文化遗产传承人（所有者）的意愿，要保护其拥有和自由享用及传承遗产的权利，要建立非物质文化遗产价值享用的分级体系。根据与非物质文化遗产价值关系的亲密程度,这一分级体系可分为若干等级,传承人对非物质文化遗产的享用和传承为第一等级,其他等级在享用或传承非物质文化遗产时,要尊重传承人的意愿,要保证传承的利益。

当然,非物质文化遗产保护的终极目的是实现人类文化的多样性和可持续发展,进而实现整个人类社会的可持续发展。在实现这个终极目的的同时,要处理好其与传承人、族群、民族、地区、国家等关于非物质文化遗产保护的阶段性目标的关系,既要展望未来,又要立足现实。当然,当部分传承人传承非物质文化遗产的个体利益与人类整体的社会发展相矛盾,甚至对人类整体的文化传承发展有危害的时候,就要尊重大多数人的利益诉求,这也是人本原则的体现。

四、优先原则

作为人类的精神创造,所有非物质文化遗产都应该是平等的,它们是人类创造权和文化认同权的体现,是人的基本权利的体现,但从族群、民族、地区、国家和人类文化发展的需要来看,也从人类可利用资源来看,在保护非物质文化遗产时,应该有一定的先后次序,也就是说,非物质文化遗产保护应该遵循优先原则。

在实际操作中,各个民族、地区、国家都有不同的标准。对不同的价值主体而言,同一非物质文化遗产价值是不同的。从传承人角度和其他人的角度看,同一非物质文化遗产的价值差别很大。所以,不同的保护者,自然选择不同的非物质文化遗产作为保护对象。优先原则应该结合保护的层面来谈,不同层面的优先对象是不同的。

在优先原则执行过程中,除了考虑保护主体的价值诉求,对那些对保护主体价值大的非物质文化遗产要优先保护,还要考虑非物质文化遗产的生存状态,对那些既有一定价值且处境又比较濒危的非物质文化遗产要优先保护。

联合国教科文组织以及各国设立的世界级、国家级、地区级非物质文化遗产代表作名录,虽然没有明确指出把入选名录作为优先保护的条件,但在实际操作中却往往是这样做的,这种名录实际上充当了执行优先原则的一个标准。

当然,为了充分发挥优先原则在非物质文化遗产保护中的作用,在确定优先原则标准上必须认真研究、综合考虑,既要考虑非物质文化遗产的现实价值和未来价值,又要考虑遗产保护投入和发展投入之间的平衡,还要充分考虑非物质文化遗产的现实生存状况,避免利用优先原则制造新的文化殖民和文化霸权,对文化多样性制造新的威胁。

五、公平原则

非物质文化遗产保护的目的是促进人类文化的多样性并存和人类文化的可持续发展。为了实现这一目标,在保护各种非物质文化遗产时,就不能不执行公平原则。承认所有的非物质文化遗产都在生存与发展方向上有平等的选择权利,任何组织和个人不能从自己的文化出发否定其他组织和个人的文化选择权利。这是非物质文化遗产保护立法的基础,也是开展非物质文化遗产保护的基本要求。

公平原则和优先原则不矛盾。公平原则主要是就非物质文化遗产生存权和发展权而言,优先原则是就非物质文化遗产保护投入而言,鉴于人类可投入的非物质文化遗产保护资源的有限性,以及非物质文化遗产本身发展的不平衡性,还有人类对非物质文化遗产价值诉求的差异性,人类对某些非物质文化遗产采取优先保护,并不是在非物质文化遗产之间制造不平等,而恰恰是非物质文化遗产保护公平原则的体现。

六、特色原则

非物质文化遗产是人类文化的特殊门类,既有普遍性又有特殊性。每种非物质文化遗产之所以存在并在人类社会中发挥作用,不仅仅是因为其具有非物质文化遗产的共性特征,更重要的是因为它们分别具有自己的特殊性。这种特殊性是其区别于其他非物质文化遗产的标志,是其具有独立价值的基础,也是构成非物质文化遗产多样性的基本条件。

非物质文化遗产保护的特色原则,就是强调在非物质文化遗产保护中,不是消除非物质文化遗产的个性特点,而是保护和发展其个性特征,使非物质文化遗产的特色凸显出来。

非物质文化遗产的特色原则充分体现了非物质文化遗产的个性差别,包括语言差别、民族差别、地域差别、历史差别等。非物质文化遗产保护要尊重这些差别,并使这些差别凸显出来。

七、效益原则

非物质文化遗产保护从某个意义上讲是一种投资行为。作为投资,必然涉及效益问题,即要考虑投入与产出的关系,实现效益的最大化。

非物质文化遗产的投资,包括人力、物力和财力的硬件投资,还包括社会舆论和政策等方面投资;而非物质文化遗产的投资效益,体现为多个方面,包括社会效益(记忆、认同、凝聚力、文化生产力等),还包括经济效益(如文化产业以及对其他产业的促进作用),这些都是非物质文化遗产投资效益的体现。

非物质文化遗产保护在当下以政府投入为主,政府投资看重的往往是非物质文化遗产的社会效益,而对经济效益不够重视。在很多非物质文化遗产保护专家眼里,追求非物质文化遗产保护的经济效益会带来对非物质文化遗产的损害,这使得人们对非物质文化遗产的经济效益避而不谈,或者很少涉及。而企业等机构对非物质文化遗产保护的投入,往往是看重其当下和未来的经济效益,这样的目的也为那些保守的非物质文化遗产保护者所非议。事实上,非物质文化遗产本身兼具社会效益和经济效益,包括长远效益和近期效益、当代效益和未来效益等。在非物质文化遗产保护中必须坚持效益原则,只有坚持效益原则,非物质文化遗产保护才是现实的和长久的。

我国政府通过对民族民间文化投入大量的人力、物力、财力进行保护,取得了显著的成就。如收集整理了"三大史诗"(包括藏族《格萨尔王传》、蒙古族《江格尔》、柯尔克孜族《玛纳斯》)和维吾尔族大型传统经典音乐套曲《十二木卡姆》;编撰、整理、出版了民族民间文艺《十大集成》;从1979年以来评选了四次共204名国家级工艺美术大师;建立了云南民族村、民族文化传习馆、大研古乐会、贵州民族文化生态博物馆;等等。在文化遗产立法方面也做了大量工作,如制定《宪法》《民族区域自治法》中的相关条款;全国人大常委会1982年颁布实施《文物保护法》,1990年颁布实施《著作权法》;1997年国务院制定颁布《传统工艺美术保护条例》。

第五章　中国传统工艺与非物质文化遗产
保护工作的有效措施

第一节　提升政府部门的管理能力和管理机制

中华上下五千年文明给我们留下宝贵的精神和文化财富。而如何将这笔宝贵的财富传承下来值得我们深思。[1] 非物质文化遗产保护工作不仅是单个群体和个人权益的实现,更是政府行使公共文化服务职能的重要体现,是社会公益文化事业的重要组成部分。所以,非物质文化遗产的保护是一项涉及面非常广的系统工程。

一、创新社会化传承模式

传承是非物质文化遗产保护与发展的核心和关键。行之有效的传承模式是非物质文化遗产顺利发展的重要保障。自然传承在相当长的历史时期成为"非遗"传承的主要手段,并对"非遗"的传承起到了关键作用。我们应该看到,师徒相继、口传心授的自然传承制度并不是单纯技能技巧的沿承和技术知识的传授,而是与农耕文明相适应的"非遗"传承机制。师徒相继、口传心授的自然传承制度确保了"非遗"的传承,并创造了丰富多彩的历史文化。正如乌丙安所说,"许多神来之笔的绝艺,巧夺天工的绝技,鬼斧神工的绝活,往往都来自神秘莫测的传承活动中,这就是'文化多样性'的原初根据"[2]。如果说农耕文明和手工业为主的生产方式决定了"非遗"自然传承制度的沿袭,那么随着经济的发展和产业化的进行,自然传承往往因为经济、文化以及个体的变化而具有较大的局限性。特别是自然传承以自然人

①　鞠月,马早升.浅谈西安地区唐代壁画的艺术风格[J].世界家苑,2018(10):143-144.

②　乌丙安.带徒传艺:保护民间艺术遗产的关键[J].美术观察,2007(11):8-9.

作为传承主体,在国家对传承人的保障制度还未完善的情况下,传承人需要面对经济收入少、社会地位低等多方面实际困难,相比较以前的"无人愿教",现在"无人愿学"正成为传承中普遍遇到的新问题。对"非遗"的传承和发展,不是少数个人或政府机构所能承载的。"政府'办'文化不是主流,而应由社会或者经济组织来'办'文化",这一思潮也应该在"非遗"传承领域得到真正体现。

从本质上讲,"非遗"在漫长的历史时期内能够流传至今,正是因为得到了社会群体认同和参与,在借鉴和吸收传统模式经验的基础上,建立社会化传承模式,确保非物质文化遗产传承与当代社会和市场经济发展相适应,已成为当务之急。在对自然传承模式进行反思的基础上,我们应该根据社会发展和时代变化,适时改革传承模式,建立起适应当代社会发展的社会化传承模式。区别于自然传承制度以自然人为传承主体,社会化传承机制强调在政府的指导和帮助下,由企业作为开发主体和传承主体,将"非遗"作为基础资源并对其进行产业化开发和传承。"非遗"来自于民间,也应该服务生活,走进群众,走产业化道路势在必行。但我国"非遗"门类众多,不是所有的"非遗"都适合产业化,因此我们有必要将其进行分类整理,区分出适合产业化、部分适合产业化、不适合产业化等不同类别,对于适合产业化与部分适合产业化的"非遗",应适时建立产业化传承机制。

与自然传承模式相比,社会化传承机制有以下特点:

(1)社会化传承模式将"非遗"视为重要的经济资源。产业化传承的关键是在尊重"非遗"人文内涵与精神价值的基础上充分挖掘"非遗"的经济价值,使其为企业生产提供有价值的技术和文化支持,并通过市场交换原则使企业获得足够的经济回报和收益,一旦"非遗"被视为企业产业化发展中重要的宝贵资源,就会极大地调动传承人及相关企业保护和传承"非遗"的积极性,"非遗"也能有效地融入现代生活,有效避免被抛弃、被遗忘的命运。

(2)社会化传承以企业作为传承主体。企业出于市场竞争的考虑,会自觉主动地综合运用各种措施,引导传承人和内部员工从有利于产业化的角度对"非遗"进行发掘和改进,并根据传承人或者内部员工对"非遗"传承和发掘的贡献大小,给予相应的经济回报和精神奖励。"非遗"传承人贡献出自己掌握的"绝活"和独门工艺技巧,为相关企业的产业化发展贡献了力量,自然应根据贡献大小,在一定程度上享受企业产业化的利益。这必然会刺激他们的积极性,不会存在保守的问题,在企业激励机制的影响下,员工之间会互相交流、共同提高技能,企业可以在此基础上对诸多传统工序从有利于产业化的角度进行合理取舍和优化,形成标准的技术参数并将其保存,因而不会出现"技不外传""人亡技息"等传统传承模式的弊端。为了再生产的需要,企业也会主动完善相关的政策,为传承人传承带徒、技艺发掘、产品开发等创造有利条件,传承人也乐于安心从事传承与发掘等工作。

(3)社会化传承能够有效地扩大"非遗"的影响力和影响范围。"非遗"的影响力通过两种方式进行展示,一种是直接对"非遗"本身进行直观的演示和弘扬;另一种是将其固化为物质产品推向市场,间接对"非遗"进行宣传和弘扬。由于前者受时间性、空间性等方面限制较大,因此后者的展示方式成为最主要的方式。在自然经济条件下,以个人或小作坊生产为主的生产模式无法达到产业化的要求,不论是社会影响还是经济效益都无法维持社会化再生产的要求。而产业化传承模式以企业作为传承主体,科技的进步和生产效率的提高使产业化传承成为可能,物质产品可以通过市场源源不断进入更广泛的消费者手里,有效地扩大影响力的受众范围,使民众在潜移默化中加深对"非遗"的认知和了解。

二、厘定权利归属制度

长期以来,附着于非物质文化遗产的相关权利缺乏系统和过渡的划分与厘定,导致了一系列矛盾的产生。要对"非遗"进行保护与开发,厘定权利归属是一个绕不开的重大问题。

(一)对产权归属的明晰化厘定与责、权、利的制度化界定

在"非遗"开发过程中,附着于"非遗"之上的相关权利一般都会经历从各级政府到相关部门的权利分割过程,以及相关部门到开发主体的权利集中和权利流转过程,这一过程也成为矛盾最为激化的焦点所在,往往产生推诿扯皮、权力寻租、开发主体违规、产权纷争等问题。从表面上看,产业化参与各方在相关权利归属及转移过程中不断出现的各种矛盾和争执属于市场经济条件下的相关各方的经济利益之争。实质上,此类矛盾和争执大多源于国家对"非遗"相关权利没有以法律形式明确界定,由此导致相关权利归属不明,进而导致产业化参与各方对"非遗"相关权利进行了激烈的竞争。从《中华人民共和国非物质文化遗产保护法》来看,国家显然已经意识到了这个问题,其第5条规定,国家依法保障非物质文化遗产持有人和传承人的正当权益。但该法仍然没有对非物质文化遗产相关归属权、使用权、处分权、收益权进行进一步细化和具体界定。因此,要想实现"非遗"的顺利开

发,国家相关部门应对"非遗"产权问题进行制度化、法治化的厘定,明确"非遗"的归属权、使用权、处分权、收益权等相关权利归属,从制度化、法治化的角度出发去解决"公地悲剧"问题产生的根源即产权厘定不明晰问题。同时,在市场经济条件下,包括管理部门和开发个体在内的利益个体对利益的追求具有无限性,而对责任、义务具有本能的规避性。在"非遗"开发过程中不能将责任和义务的承担完全寄托于开发个体的道德和自律约束,需要科学地界定产业化参与各方的责任、权利、义务。充分考虑各相关方的合理利益诉求,对归属权、使用权、处分权、收益权进行进一步的细化和具体界定,达到责、权、利的统一,以克服"非遗"开发中的"公地悲剧"问题。

(二)建立宜统宜分的多元主体联席管理与开发机制,切实解决"非遗"产权分割和产权碎片化问题

目前学术界主要有两种思潮,一种是在管理层面的产权集合思潮,倾向于将分属于不同政府部门的相关权利集合到某个特定的政府部门,由特定部门完整掌握"非遗"产权以达到优化管理的目的。另一种是在开发领域的私有化倾向,即倾向于将零散化的产权集合统一到特定的开发主体。但两种思潮在实践中,都会遇到一系列问题。事实上,随着当代社会的发展,由于公共事务普遍呈现复杂化、专业化的倾向,对公共事务管理层面普遍存在"综合化"和"精细化"两种趋势并行不悖的现象。第一种思潮拔高了综合管理的优点,却忽略了目前社会事务管理需要专业化、精细化的现实。即使已经综合化的管理部门也会内设不同的管理主体各有侧重地处理相关公共事务。第二种思潮忽视了非物质文化遗产群体属性和其他传承群体的利益。在权利集合和转移给开发主体的过程中,极易出现权力寻租、过度开发以及经济利益至上等倾向。有关部门应建立宜统宜分的多元主体联席管理与开发机制。

首先,多元主体联席管理与开发机制对于产权分割和产权零散化问题的解决,应着眼于提高产权主体持有"零散化"或人为"隔离"产权的成本,鼓励其跨部门合作,提高"产权整合"收益预期。产权主体整合产权的多元主体联席管理与开发机制发起主体应该是政府。有资格进行联席管理与开发机制设计和制度建设的主体需要满足三个方面条件,第一,具有代表整体利益大局观;第二,具备客观、超然、公正的调解和监管地位;第三,具备相应的权威以维护制度的实施。这就明确了制度建设的主体不应是特定具体部门,也不能是开发主体,而应该是国家和代表国家的政府,只有政府才能从根本上保护和传承"非遗",维护中华民族文化基因和精神家园的高度,公平合理地进行制度设计。其次,多元主体联席管理与开发机制的参与方应具有广泛代表性,主要由政府相关部门、开发主体、群众代表、社会组织共同参加。代表的广泛性会确保倾听各方的不同意见,综合考量不同的利益诉求。最后,多元主体联席管理与开发机制应满足专业化分工的要求,"非遗"开发涉及众多领域和部门,需要各参与方通力合作,从自身的角度,结合自身的优势献计献策,运用自身部门所长进行指导和协助。多元主体联席管理与开发机制应建立定期会商制度和一系列调研、讨论、表决程序,充分发挥联席管理的作用,各主体分工协作,各司其职,既获取自身正当利益,又彼此监督和约束,共同维护"非遗"保护和传承重任。

(三)着力建立和完善法治化、规范化的反哺机制,对非物质文化遗产的保护传承以及传承群体进行合理反哺

虽然非物质文化遗产具有群体性,但是在产业化实践过程中,相关权利必须赋予特定权利主体,由特定权利主体具体实施产业化实践。从理论上,广大传承群体有权利与特定权利主体共享产业化经济效益。但目前来看,产业化参与方并未主动、自愿地将产业化获得利润和成果反哺其他传承群体。这种局面对其他传承群体来讲是不公平的,一味无视非物质文化遗产的群体性会打消传统群体的积极性。非物质文化遗产作为重要的生产要素,在为企业创造经济价值的同时并未得到相应的回馈。国家应尽快建立和完善法治化、规范化的反哺机制。通过硬性法律规定和产业政策引导,将具体受益方所掌握的资金、技术、人力、物力的一部分合理地运用于非物质文化遗产的保护和传承工作。在具体的制度保护所体现的利益衡量上,国家应考虑到参与方和传承群体的权益,以及非物质文化遗产的长远发展,通过反哺机制的调节和权益再次分配,调动全社会对非物质文化遗产保护的积极性和主动性,提升参与方对非物质文化遗产保护和传承的社会责任感和道德感,进而为我国的非物质文化遗产传承作出应有的贡献。

(四)政府"兜底原则"的实施与保障

"非遗"的开发工作并非一帆风顺,从理论上来看,"非遗"开发理论从研究之初就产生了众多的理论思辨和认知差异。面对这种情况,政府的宏观监督指导和"政府兜底"的作用必不可少。

1.政府应做好宏观指导和监督

"非遗"是全体国民的精神财富与文化基因,其产权的转让和对丰富的

"非遗"的开发并不是为了部门利益和单纯的经济利益,不能牺牲传统的技艺和文化蕴涵去获得利润的最大化,政府应切实履行监管权,确保"非遗"保护与传承。在"非遗"开发之初,各级政府部门可以采用政策倾斜、税收优惠等方式吸引企业、社会资本等积极参与开发进程,在开发主体的市场运营进入发展壮大的轨道后,各级政府应适时取消政策优惠,这样一方面为参与各方提供了公平竞争的平台和机会,另一方面体现了政府代表人民对"非遗"的持有权。同时,政府应代表传承群体获取产业化利润,并从宏观角度将这部分利润进行二次分配,以确保"非遗"群体属性的真正实现,保护和传承好宝贵的"非遗"资源。

2.政府应切实完善与执行"兜底原则",主动担负起"非遗"公地领域重要的公共职责与公共义务

我国"非遗"种类众多,并不是所有"非遗"都适合进行开发,对于一些不适合市场化开发的"非遗"资源,各级政府不应任其自生自灭,而应坚持"兜底原则",借鉴国内外成熟经验,综合运用政策、资金、宣传等为"非遗"保护与传承提供必要扶持,对传承人提供必要的工作环境、生活环境、传承环境,资助传承人的授徒传艺或教育培训活动。同时,对于一些将要消失、亟须保护或有重要价值的"非遗"资源的抢救和传承工作,政府应从维护民族文化基因与民众群体利益的角度来切实贯彻"兜底原则",坚持全局利益压倒局部利益,社会效益压倒经济考量的方针,坚持制度化、长期化的政策、资金等方面的支持,广泛通过政策引导、媒体宣传等措施激发"非遗"传承的全民参与热情和有利的宏观氛围,为"非遗"开发提供稳定、科学的宏观氛围和政策预期,健康有序地推进"非遗"开发工作。

三、创设企业产业化传承路径

(一)现行模式的局限

我们对"非遗"进行保护,保护的对象不是制成品本身,而是制作这些产品的传统技艺。因此,产业化过程中传统手工技艺与现代化大生产技术之间的矛盾也成为保护问题的焦点所在。我国传统手工技艺的传承和发展,一般以"师徒相传"的继承模式,采取家庭手工作坊的形式进行小规模生产,生产效率慢,产量有限,而产业化要求规模生产,要求规模化、同质化、标准化、效益化,因而有着传统手工技艺无法比拟的优势。"文化产业作为现代工业文明的产物,机械复制不仅极大地提高了文化产品和精神的传播能力,

使得空间和时间不再成为阻隔人类文明交流的障碍,使得人类社会得以在文明互动的发展中成为可能。"①特别是随着现代科技的进步,对传统的手工技艺进行技术革新成为一种趋势。技术革新使生产出来的产品因产量大、价格低冲击了传统手工艺制成品,这更加使传统手工技艺生产方式在资金、技术、信息和市场开拓等方面的劣势暴露无遗,许多传统手工技艺生产类企业由于难以承担市场巨大的风险,严重亏损甚至倒闭等情况经常发生。所以我们在赞成产业化开发的同时,也应该注意到如果具体开发模式不合理,产业化不但不能传承这些传统手工技艺,还会使真正的传统手工技艺蒙受巨大冲击,导致良好愿望与实践结果大相径庭。

目前,我国在"非遗"产业化过程中,大多强调"在保护中开发,在开发中保护"的传承思路。二者看似相互促进,实则在实践中互相掣肘。解决好传统手工技艺和现代工艺之间存在的本质矛盾,就成了企业在产业化实践中重中之重的问题。

(二)企业"非遗"产业化开发路径构建

生产性保护与产业化开发的主体不是政府而是企业,已经成为市场经济条件下非物质文化遗产开发的题中之义。企业是"非遗"产业化的承担主体和具体实施者,企业在"非遗"产业化的过程中,应实施"开发主体明晰,生产相对独立,成品差异定位,互补机制健全"的产业化模式,使企业同时成为"非遗"原生态保护的平台和创新发展的平台,使传统手工技艺和现代工艺并行不悖、互补互益。

1.开发主体明晰

"开发主体明晰"是指坚持权、责、利相结合的原则,将参与非物质文化遗产保护与开发的企业作为"非遗"保护与产业化开发的统一实施主体。在"非遗"产业化过程中,国家和政府的宏观指导和政策引导是必不可少的,但是产业化的具体实施者应该是以企业为主体。企业在产业化过程中既要做"非遗"产业化的利益获得者,也要做"非遗"传承和保护的责任承担者,由企业作为实施主体,将两项工作总体掌握、统筹兼顾,在政策、管理、资金等各方面将两项工作有机结合。

----

① 胡惠林.构建和谐世界与中国文化产业发展战略[J].社会科学,2008(06):166-177+192.

2. 生产相对独立

"生产相对独立"是指"非遗"传统工艺传承与"非遗"现代工艺开发在坚持一个主体的前提下,各自相对独立实施。"生产相对独立"的模式在坚持一个主体的前提下,着重将传统传承工作与产业化工作各自相对独立实施。对"非遗"的保护工作,强调尊重历史,按照"本原性""原真性"等原则对传统的手工技艺进行严格保护,主要通过各种政策引导传统手工艺传承人按照"师徒相传"原则继承传统手工艺技艺,坚守历史传统、传统工艺,传承工作不以营利为目的,对商业性介入和产业开发应该进行严格限制。一般情况下,"非遗"保护工作由于严格限制商业性因素的介入,不会创造出很多的经济效益,甚至会消耗较多的资金。而产业化工作恰恰相反,通常会获得较好的经济效益,这就需要实施主体将产业化获得的经济效益进行合理的二次分配以用来反哺保护工作,维持保护工作的顺利运行,这就需要国家和此类企业深刻认识保护工作的重要意义,建立健全企业利益协调和分配机制,确保包括资金支持在内的各项反哺工作能够在主体内部顺利进行,这也是强调必须坚持一个主体原则的原因。

3. 成品差异定位

"成品差异定位"是指传统方式生产的产品与产业化规模生产的产品在推向市场时一定要把握好不同的市场需求,运用差异化战略进行不同的市场销售定位。在产业化实践中,"非遗"资源一般要经历物化阶段,即制成产品推向市场,一般消费者并不能直接感受到"非遗",而只能通过制成品来感受和欣赏"非遗"。那么,就产生了一个悖论,即用传统方式生产的产品与采用机器规模生产的产品在外观和实用性上差别不大,随着科技的发展,甚至常常出现规模化生产的产品无论从质量还是从外观上均超越传统手工制品的情况。产业化生产方式与传统手工方式在生产规模、生产效率、产品质量、产品外观等方面都占据绝对的优势,会逐步导致手工生产方式和手工生产技艺的衰败甚至消亡,这也导致某些人出于保护传统生产方式的考虑而担心产业化、拒绝产业化。实质上,产业化生产方式与传统生产方式各有所长,二者也并不是绝对的水火不容。传统生产方式的形态特征和功效作用,只有在生产实践的具体活动中才能得到展现和发挥,传统生产方式所承载的历史传统和文化因素也是现代化生产方式所无法比拟的,如果在将不同方式的技艺生产出来的制成品推向市场的过程中,做好自身定位,坚持差异化的市场定位,二者可以相辅相成、共同发展。两种生产方式生产出来的产品在推向市场销售后,从性质来讲都属于商品,都需要通过商品交换获取利益回报,这是毋庸置疑的。但是在推向市场后,一定要针对不同的消费人群和市场特点,对市场定位进行严格的细分。被誉为"竞争战略之父"的迈克尔·波特在《竞争战略》①中提出产品"差异化竞争"战略后,这一战略思想已经被广泛应用于产品营销。这一思想认为,公司应将提供的产品或服务差异化,树立起一些全产业范围中具有独特性的特质。最理想的状况是公司在几个关键方面都具有差异化的特点。将这一战略思想具体运用到"非遗"产业化领域,则强调用传统方法制造出来的产品要走高端路线而不应该与工业制成品混淆。

传统方法生产出来的产品应着重强调"传统方式""少而精""原汁原味"三大特征,树立品牌意识,一旦拥有强势的品牌,传统"非遗"产品就会在和其他的工艺品竞争时成为消费者的首要选择;拥有强势品牌,不仅拥有顾客的忠诚度,还能发挥其品牌的影响力与公信力;也利于品牌拓展到新市场、新领域,推出新产品。而产业化制成品则应定位于质优价廉的商品,强调效率、投入产出比,在借鉴传统手工技艺的基础上通过机械化、规模化生产的方式,生产出规模化、标准化的产品满足市场需要,进而获得合理的经济效益,目标市场应定位于社会大众。一般来讲,两种生产模式生产的产品一般在质量上并不会有天壤之别,但是由于传统制成品附着了更多的手工价值、人文气息和历史文化内涵,因而可以形成差异化的市场定位,运用差异化竞争策略,并在实践中得到检验。"研究表明,只要能够对产品增加一些设计、文化元素和提高文化品值,附加值就上去了。"②通过差异定位的策略,使两种生产方式生产出来的产品并行不悖,在不同的市场分区中大行其道。传统生产方式在市场机制中得到合理的回馈和良好的反响,自然也不会萎缩和消亡。

4.互补机制健全

"互补机制健全"是指传统生产方法与现代创新生产虽然分别实施,但却有机结合起来,实现经济效益和社会效益的互动,实现"非遗"保护工作与产业化工作的相互促进。通过复古生产,可以真实复原并展示历史悠久的非物质文化遗产资源,直观感受到古人精益求精的精神以及艰辛劳作的生活,感受传统非物质文化遗产的亲和力和文化魅力。更重要的是,继承和发

① [美]迈克尔·波特著;陈小悦译.竞争战略[M].北京:华夏出版社,2005:87.
② 陈少峰.文化产业读本[M].北京:金城出版社,2009:168.

展"非遗"的负责行为,会使企业真正成为"非遗"的传承者和领军者,也使消费者对"非遗"制成品拥有深厚的感情和文化认可,培养消费者的产品认同感,提高产品的美誉度,这也为企业做了隐形的广告和宣传。而使用现代生产方式生产的制成品,不仅突破了过去生产的时间限制和产量瓶颈,也使产品质量和规模有了提高,通过市场进入千家万户,使当代人了解和认识了"非遗",喜欢"非遗"、重视"非遗",进而激发全社会参与保护和传承"非遗"的热情和积极性。这样做不但不会对传统生产方式造成冲击,还会提升企业的文化产业形象,从而实现"非遗"传统保护与创新开发的相互促进和完美结合。

四、完善品牌发展战略

传统的经济学理论认为:消费者在进行消费时,一般会受朴素的等值观念的影响,产品的品质和价值决定了消费者对消费品的取舍。然而,在产品同质化程度越来越高的今天,这种朴素的等值观念正受到来自现实的挑战。除了对产品品质和价值上的认同外,品牌正在决定着消费者的选择,这种无形的附加值影响了消费者对同质化产品的选择。在国内外文化产业和文化产品激烈竞争的情况下,正如美国品牌价值学会主席莱利·莱特所言:"拥有市场的唯一办法,就是拥有占据市场主要地位的品牌。"①

文化产业学界将大众对品牌的认知归纳为五个阶段。第一阶段是品牌符号阶段,此时人们认为品牌不过是一种识别标志;第二阶段是品牌个性阶段,在这一阶段品牌的内涵超出了其功能性利益,突出了心理上的利益;第三阶段为品牌关系阶段,这一阶段品牌被视为一种与消费者进行理性和感性互动的总和,强调品牌的最终实现是由消费者来决定的;第四阶段为品牌资产阶段,此时,人们认为品牌是可以独立存在的资产,可以交易和转让,具有获利能力;第五阶段为品牌的经济学解释阶段,这一阶段人们将品牌的作用归结为通过品牌降低消费者的选择成本。

品牌是市场经济发展的产物,代表了产品质量和企业形象。相对经济品牌而言,文化品牌是在文化建设中形成的具有独特性和广泛影响力的文化现象,是文化的经济价值与精神价值的双重凝聚。文化品牌体现了文化的核心竞争力,对非物质文化遗产相关产业有着巨大的提升和带动作用。

---

①　马谋超.品牌科学化研究[M].北京:中国市场出版社,2005:1.

一是整合效应,能够最大限度地整合文化资源,优化资源配置;二是聚集效应,能够有效吸引人流、物流、资金流和信息流;三是增值效应,能够大幅度提高产业增值能力,实现利润最大化;四是辐射效应,能够带动形成产业链条,拓展市场发展空间,催生更多的市场主体;五是放大效应,能够大幅度提高市场占有率,扩大区域文化的影响力和知名度。文化产业要赢得市场,就必须走品牌化建设之路,打造具有强大竞争力的文化品牌,充分发挥品牌的经济竞争力和文化感召力。我国文化资源丰富,非物质文化遗产产业化工作基础扎实,发展迅速,取得了显著的成就,但资源优势还没有真正转化为产业优势和竞争优势。与其他产业发展规律一样,树立文化品牌;打造品牌形象是我国非物质文化遗产相关产业在市场竞争中走向成熟的重要标志;品牌战略应该成为我国非物质文化遗产开发工作的动力引擎和战略重点。

(一)增强品牌战略意识,注重非物质文化遗产文化品牌的保护和传承

文化品牌与一般商业品牌一样,是企业和产品区别于其他商品的标志。通过品牌,消费者可以快速地获取产品的质量和服务等信息,从而不断地产生对品牌的认知程度,相应地也会使产品有稳定的消费群体而获得市场占有率。一个成功品牌不仅能够提高销售能力,提高企业的知名度,而且品牌本身就具有很高的无形价值。许多知名品牌的附加值往往高于企业本身的产值。因此文化品牌反映的是产业的核心竞争力。品牌的优劣、知名品牌的多少,不仅反映了一个企业参与市场竞争的能力,也反映了这个产业的综合实力的强弱。尤其是在品牌战略普遍实施的背景下,高知识含量、高附加值、高文化内涵的文化知名品牌的发展更显得重要。因此,树立强烈的品牌意识是实施品牌战略的基本要求。

提升品牌意识,首先需要政府和相关企业从战略的高度充分认识品牌的重要性,树立创造品牌、提升品牌的经营理念。文化产品的品牌创建主体本应是文化企业,但由于我国特殊的经济政治体制,就出现了政府、文化企业和非文化企业共同承担文化品牌创建任务的局面,将来随着文化产业的发展,非文化企业会逐渐退出文化市场,文化企业将在政府相关政策支持下成为文化品牌创建的主体。在文化产业发展初期,对政府的依赖性较大,发展方向需要政府引导,大型的文化活动需要政府牵头,资金和技术支持上需要政策的倾斜。等到文化产业发展相对成熟时,政府就要逐渐放开,要给予企业充分的自主权。但目前来说,为了更好地创建文化品牌,政府的宏观调控必不可少,应做好以下几个方面的工作:

1. 规范文化市场秩序

文化市场有机统一、流通渠道顺畅有序、文化市场秩序规范是文化品牌的创建与维护的前提条件。有关部门应该在打破进入壁垒的同时,制定合理的准入条件,规范文化市场秩序,依法加强对文化市场的管理,不仅要加强正面管理,还要从反面管理入手,坚持不懈地打击文化市场的违法违纪行为。由于文化市场涉及面大、变化快、问题复杂程度高,所以文化市场的规范和繁荣是一个长期而艰巨的任务,这就需要政府有耐心、有毅力,持之以恒地做好文化市场的管理工作,给文化品牌的创建提供一个良好的市场环境。

2. 提供有效的政策支持

为了大力发展文化产业,创建文化品牌,政府应制定一些专门针对文化企业的优惠政策,比如降低税率、大型文化活动的开展、文化产品的宣传、文化企业的招商引资、企业间的牵线搭桥等,这些事项事关全局,单靠单个企业的力量无法有效地进行,这就需要政府宏观层面的指导和支持。提升品牌意识还需要加强品牌管理,在品牌的规划、实施和措施方法上都需要体现品牌的宗旨。企业的品牌意识要始终贯穿于产品生产、销售和服务的各个环节中,才能不断增加品牌的附加值,使品牌形象不断提升。

3. 对国内现有的文化品牌要注重维护

近年来,我国深入挖掘非物质文化遗产资源精心打造了昆曲、新疆维吾尔木卡姆艺术、蒙古族长调民歌、中国书法、中国篆刻、中国剪纸、中国雕版印刷技艺等一系列足以代表中国文化的品牌,在国际上也拥有了广泛的知名度和影响力。对于这些已经具有一定知名度的品牌来说,如何进一步地开发和巩固品牌的品质和质量,使品牌经久不衰则是最为重要的任务。首先是维持高质量的品牌形象。质量是品牌的生命,对于品牌经营者而言,必须持之以恒地追求产品质量的提升和完善,才能确立和保持品牌的良好信誉度和形象。其次是更新策略。任何一个品牌都不可能毕其功于一役,它是一个动态建构过程,需要不断吸取新内容、新成果来延续和再创造品牌的价值。再次,随着消费者需求的不断变化,品牌的内涵和形象也要随之做出相应的反映和调整。品牌的发展以市场为中心,要对消费者的消费倾向和未来需求做出深入了解和分析,不断地对品牌进行重新定位,以迎合消费者喜好,保持市场占有率。最后,品牌的维护还包括法律上的保护策略。我国相关部门及文化企业应该熟悉各种品牌管理的法律和法规,用法律的武器来保障和维护品牌利益,全方位地对品牌进行保护。

(二)创新宣传与营销模式,提升非物质文化遗产品牌的知名度、美誉度

在宣传方面,我国的非物质文化遗产开发工作者应坚持"惠而不费""精确投放"的理念,比如"搭顺风车",在某些重点旅游节日和旅游景区搭车宣传,花费小、针对性强、效果好,可以更有效地吸引潜在文化消费者的注意力。

与此同时,互联网和移动互联网的发展,以及各种营销技术的开发,都为文化产业的营销带来了更加丰富多彩的营销方式。在微博、微信上,一大批文化企业、旅游景点都拥有自己的公众号,在为大家传播优质内容的同时也宣传了自己;线上购票已经成为一种趋势,很多文化旅游景点、博物馆也开启了线上预约参观、网上购票业务,因此,有关部门及企业应该组建专门营销队伍,搭建网上营销平台,加大主流媒体和新兴媒体宣传力度,将自身所开发的非物质文化遗产进行广泛宣传与传播,同时深化与旅行社、驴友网站合作,开展全方位、立体化宣传营销。

非物质文化遗产相关企业应适时地将重心过渡到关注消费者的价值体验上。广告传播带来的只是一时的轰动效应,真正将品牌刻在消费者心中的却是价值体验。除了通过大数据和程序化平台将富有新意、视觉效果炫酷、体验引人入胜的广告传达给大众外,尤其要对现在的"口营销""微信积赞""粉丝经济"等各种新型营销模式进行广泛采用。

(三)实施"文化品牌拓展"工程,增强"非遗"整体水平和竞争实力

注重对非遗"文化品牌"的不断延伸和产业链的拉长,这实际上是对品牌的拓展化经营,将品牌的市场号召力扩展到其他产业中,从而实现最大化的品牌价值。品牌是企业重要的无形资产,利用品牌和信誉进行运作,并将其作为一种资本投入到另一个项目和领域中去经营,是品牌提升和开拓经营的重要途径。许多知名品牌都是通过品牌延伸获得成功的。但是需要格外注意的是,品牌延伸并不适用于所有"非遗"文化产品,只有被广大消费者所熟知的强势品牌才有品牌延伸的资格,然而即便是这样强势的品牌,进行品牌延伸依然会存在很大的风险。一般来说,现有文化品牌与延伸新产品在核心价值方面的相似度越高,品牌延伸的成功率就越高。品牌的核心价值在本质上指的是一个品牌在消费者心目中积淀下来的差异化印象及其象征意义。品牌核心价值是产品、配方、专有技术方面的,延伸的空间较小。

而核心价值是文化或利益方面的,延伸的空间相对来说较大。品牌研究专家在对品牌延伸的案例进行跟踪调查的过程中发现,消费者比较容易接受那些与原品牌核心价值一致的延伸产品,而对那些与原核心价值差别较大的延伸产品却始终没有好感,多数消费者不会购买这种让人摸不着头脑的产品。不仅如此,延伸产品与原产品之间如果缺乏关联性,不但会妨碍正面联想的拓展,而且会刺激负面联想的滋生。此外,互联网对将文化产业链条无限延伸,会将非物质文化遗产产品系列塑造衍变为一个持续的过程,在互联网扩散效应下,受众群体会以几何倍数增长。美国动漫电影《花木兰》故事取材自中国南北朝乐府民歌代表作《木兰辞》,迪士尼公司与美国艺术家以其独到的眼光将中国千年来家喻户晓的传奇故事蜕变为具备一切要素的流行文化,得以风靡美国。一名女扮男装的古代巾帼英雄伴随着中国的长城、宫殿、古战场、腾飞的巨龙及悠远的东方文化,令美国影坛叹为观止,获得巨额票房利润。但迪士尼公司并未止步,其后续产业链开发接踵而至,一系列花木兰形象的人偶、玩具、电脑游戏相继投入市场,不仅如此,几乎一夜之间,全美"麦当劳"快餐店为儿童欢乐套餐所赠送的玩具娃娃都替换成了花木兰的可爱形象,此举获得巨大成功。而这一系列成功又为续集的拍摄积攒了人气,形成了良性互动。我国有关部门和相关企业应该借鉴发达国家和地区的经验,进行较有深度的后期开发,由最初的"非遗"制成品逐步扩展到音像、图书、文具、玩具、纪念品等各个行业,这样既大大拓展了自身的市场,又丰富了品牌的内涵,如此不断地进行品牌的延伸和扩张,实现对品牌资源的深度开发与利用,使企业获得最大的发展空间和合理利润。

五、建设法律保障体系

"非遗"所具有的群体性和民族文化内涵要求政府应该承担起"非遗"保护和产业化推进工作的领导责任,将"非遗"保护和产业化工作纳入政府工作议事日程,纳入经济和社会发展整体规划和精神文明建设规划。各级政府应根据各地经济社会发展实际情况各司其职,综合运用经济、法律等宏观政策,制定切实可行的措施加大对"非遗"产业化支持力度。

(一)公私法结合模式的创设

立法保护是"非遗"保护与产业化开发的根本保证。政府应尽快完善法律制度建设,构建公法与私法相结合、行政保护与民事保护并重的法律保护体系,促进"非遗"的产业化开发。2004 年 8 月 28 日,我国正式加入了《保护非物质文化遗产国际公约》组织,参照国际通行惯例,我国对"非遗"的立法保护也在积极推进,但在构建法律保护体系的过程中,学术界存在不小的分歧。一部分学者认为应该以知识产权制度本身作为突破口,构筑"非遗"私权保护的法律体系,这部分学者以杨建斌为代表,他认为虽然"非遗"的某些特性不符合现代知识产权的概念,但是仍然有契合之处,建议加强知识产权制度保护非物质文化遗产①。另一部分学者则认为知识产权保护与"非遗"特性不相容,应采取专门立法模式,制定一部专门的行政性法律,实现对"非遗"的保护。这部分学者以章建刚为代表,强调非物质文化遗产有其自身特点,民事保护无法一蹴而就,"结论已经变得很清楚:我们首先需要一部有关非物质文化遗产的行政法,这部法不可缺少"②。

关于对"非遗"采用公法还是私法保护的争论,源于对"非遗"有关性质存在不同的看法,前者认为"非遗"属于国家和民族宝贵的精神财富和智力因素,在社会主义国家,尤其具备"公有"属性,鉴于当前"非遗"所面临的艰难濒危状况以及抢救保护工作的必要性和紧迫性,应该进一步加大政府职能,加强政府工作力度,通过行政举措、行政立法、行政保护的方式有效保护"非遗"。而强调私法保护模式的学者则认为,在当代社会,"非遗"作为一种经济资源,具有经济属性,在法律保护上也应立足于国内和国际法框架,对现有的知识产权制度进行改革将"非遗"相关权利纳入"非遗"保护范畴,在符合知识产权制度宗旨的前提下增进对"非遗"的保护。根据现代法理学理论,凡是涉及公共权力、公共关系、公共利益和上下服从关系、管学关系、强制关系的法即为公法,而凡是涉及个人利益、个人权利、自由选择、平权关系的法即为私法③。一方面,"非遗"作为传承群体共同创造和享有的权利,体现出明显的公共利益、公共关系特质;另一方面,"非遗"也是一种智力劳动财产,在市场经济条件下,"非遗"的产业化开发也涉及产权的确认、利益的归属、权利人利益的保护等问题,明显涉及个人权利和个体利益。因此,"非遗"既具公有性,也具有私权性,单纯用行政法或民事法均不足以对"非遗"进行充分的保护,对"非遗"的立法保护模式上,就必须构建公法与私法相结合、行政保护与民事保护并重的法律保护体系,两者缺一不可。

---

① 杨建斌.商标权制度与非物质传统资源的保护[J].北方法学,2010,4(02):41—48.

② 章建刚.对非物质文化遗产立法保护的几点思考[N].中国社会科学院院报,2009—10—15.

③ 张文显.法理学[M].北京:法律出版社,1997:89.

（二）国家级专项立法的完善

国家应建立健全相应的法律保护体系，形成自上而下、统一配套的法律保障体系，支持"非遗"传承与产业化开发。目前，各级地方政府陆续出台了相关的行政保护条例。早在 2000 年，云南省人大颁布了《云南省民族民间传统文化保护条例》，2002 年贵州人大制定了《贵州省民族民间文化保护条例》。在加入《国际保护非物质文化遗产公约》之后，我国地方各级政府也出台了一些非物质文化遗产保护的法规，2004 年 9 月，福建省通过了《福建省民族民间文化保护条例》；2006 年 7 月，宁夏回族自治区通过了《宁夏回族自治区非物质文化遗产保护条例》；2007 年 5 月，浙江省第十届人民代表大会常务委员会第三十二次会议通过了《浙江省非物质文化遗产保护条例》；2008 年 1 月 5 日新疆维吾尔自治区通过了《新疆维吾尔自治区非物质文化遗产保护条例》。这些地方性法规和政策是各级政府对"非遗"进行立法保护的有益尝试，取得了不少立法经验和现实保护成果。但是也应该清醒地看到，这些地方性立法虽然都明确了保护对象、保护措施、奖惩办法等条文，但很多条文还不够具体和规范，内容也各不相同，更重要的是它们都属于地方性法规，从严格意义上来讲，影响力远远不及国家颁布的正规法律。《中华人民共和国非物质文化遗产法》草案，自 2003 年便开始酝酿，到 2008 年，《中华人民共和国非物质文化遗产法》进入征求意见阶段。2011 年 2 月 25 日第十一届全国人民代表大会常务委员会第十九次会议通过了《中华人民共和国非物质文化遗产法》。作为"非遗"领域内的根本大法，国家级非物质文化遗产法顺利立法并实施，将会使全国的"非遗"保护进入更加规范、更加统一、更加全面的阶段，为各级政府保护"非遗"和立法起到导向作用。同时，这部法律的出台也会增加我国法律体系尤其是保护"非遗"的法律体系的完整性。就目前来看，《中华人民共和国非物质文化遗产法》在以后的"非遗"保护和产业化实践过程中，还有以下几点需要加强和明确：

1.借鉴公共行政法范式立法理念，从而广泛调动其他社会团体和组织的积极性，多元化参与

对于行政立法理念，我国一直坚持国家行政范式的理念，随着当代社会的发展和经济全球化的浪潮，在行政法立法理念中，出现了从国家行政范式到公共行政范式的转变，公共行政范式理念强调：公共治理和公共服务不再简单地由政府包办，在发挥政府机构公共行政行为的同时，经过立法授权，由非政府性社会组织接受某些原本由政府承担的非强制性行政行为。由于

这种理念更多地克服了政府行政的缺陷,因而在行政立法领域,公共行政范式理念已经在世界范围内基本确立。因此,《中华人民共和国非物质文化遗产法》在后续完善时应借鉴公共行政范式理念,在赋予政府相关行政权力以保护"非遗"的同时,调动非政府组织的参与积极性,按照权、责、利对等的原则,依法赋予其一定主体资格,依法将一定的"非遗"保护和传承公共职能依法移交给非政府组织来承担和行使,共同推进我国"非遗"的保护工作。在后续的完善过程中可以依法赋予社会团体一定的公共行政权。应该注意的是,社会团体享有的公共行政权有别于国家机关的行政权,它是一种非强制性行政行为,它并不能代替政府部门的行政行为,而是以公益职能为主,以更好地协助国家和政府实现"非遗"保护和传承的公共利益。

2.革新和发展知识产权保护制度,把"非遗"的保护与产业开发纳入现有知识产权体系进行保护

学术界之所以认为知识产权制度与"非遗"难以兼容,很大程度上是因为知识产权保护制度的理念太过注重经济利益,与"非遗"注重精神因素的价值观格格不入。但是我们也应该看到,当代的知识产权的保护理念呈现两个发展趋势:第一个发展趋势是,知识产权应从注重保护知识产权人的经济利益到经济利益和精神利益保护并重。产生这个发展趋势的原因在于随着时代的发展,人们逐步意识到知识产权存在的最本质的意义不在于保护权利人的财产权利,而是权利人的精神利益。知识产权正是通过授予权利人财产权利的手段,达到保护精神利益、精神创造的目的。"非遗"亦体现着创作者的精神权利,这种精神权利应当得到知识产权的尊重。第二个发展趋势是,知识产权从单纯地保护权利人的私人权益转向保护私人权益与社会利益并举的理念。产生这个发展趋势的原因在于人们意识到知识产权不应单纯授予私人利益的制度设计,其更高的价值理念在于社会利益。从本质上,任何不违背社会道德和社会良知的法律,其立法的最终目的都是促进社会的发展和人类文明的进步,这是毋庸置疑的。目前,我国还没有完备的"非遗"的知识产权制度,难以遏制"非遗"的滥用或流失。在经济全球化的新形势下,知识产权日益成为最重要的产权,现行《商标法》《著作权法》《知识产权法》虽然在某些方面不适应新形式的需要,但不能否认的是,这些法律在依法保护"非遗"方面起到了很大的作用,并且现在仍然在发挥着作用。"非遗"类别和性质不一,有些是可以归属在知识产权体系或其他民事权利体系下进行保护的。如我国《著作权法》第三条第三款将"杂技艺术作品"列

为保护的对象,第六条也提到了"民间文学艺术作品"的保护问题:"民间文学艺术作品的著作权保护办法由国务院另行规定。""杂技艺术作品"按照有关国际条约的规定属于"非遗"的范畴。即对于以"非遗"为基础而产生的新发明的成果最适合用于专利权制度保护,例如有些传统药物及其包装外观可以获得专利保护。商业秘密权保护制度的客体也可以是"非遗"。比如一些传统工艺、传统配方、绝活、绝技、祖传秘方等并未进入公有领域,它们虽不能满足专利的新颖性标准,但仍然能作为一种商业秘密或 TRIPs 协议第三十九条所指的"未公开信息"得到确认和保护。它适用于一些有经济应用价值的"非遗",如"景泰蓝"制作技艺、"雕漆"生产技艺等"非遗"也属于商业秘密权范畴。在我国现行商标法没有专门关于"非遗"注册商标申请界定的情况下,类推适用地理标志的规定,对"非遗"申请证明商标或者集体商标,不但可以表明"非遗"来源及特定品质,而且在产业化过程中能够有效地防止其他经济主体对该"非遗"的仿冒、侵害,保护产业化开发主体相关权益和经济利益,促进"非遗"合理开发和传承。因此国家应根据"非遗"的特点和性质,对相关法律进行有针对性的补充和完善,赋予"非遗"传承者对"非遗"的民事性私权,明确"非遗"项目的知识产权主体、客体及内容,确立"非遗"项目的使用许可制度,调整围绕"非遗"产业化开发而产生的民事法律关系,使各项专门法律为"非遗"的保护和产业化开发工作保驾护航。地方各级政府也应根据本地区实际,尽快健全相关法律法规,使"非遗"保护与开发的各项工作有法可依,走向更高的发展阶段。

六、创新经济扶持政策

政府应尽快确立非物质文化遗产资金投入保护机制和产业化后的反哺机制,对"非遗"保护与发展所需要的资金予以制度化、规范化保证。"非遗"的保护与传承具有两个突出的特点,一是"非遗"的保护与传承需要大量的资金支持,并且在某种意义上,这种资金投入并不会立即得到相应的经济回报;二是"非遗"所需要的资金支持不是短期的,也不是一蹴而就、一次投入就能解决的,而是需要长期而又持续的资金投入。可以讲,资金持续、稳定、长期投入是"非遗"保护与传承无法回避的一个关键问题。因此,国家应该考虑设立非物质文化遗产基金。并将基金的来源、用途、支配等进行专项法律规范,基金可以分为中央级非物质文化遗产基金和地方级非物质文化遗产基金两个层面,形成国家、省、市、县四级的塔形非物质文化基金投入体系。中央级基金主要负责在全国范围内有重要影响的"非遗"的保护和发展方面的问题,地方级非物质文化遗产基金主要负责本行政区内的"非遗"的保护和发展方面的资金支持,但同时也要配合中央级非物质文化基金使用的政策方针。这样可以对基金的使用和支配有明确的定位,有利于中央政府和地方政府各司其职又通力协作。关于非物质文化遗产基金的来源,固然应该由中央和地方财政予以支持,但我们应该认识到的是,无论是发达国家还是发展中国家,都面临一个重要问题,即在相当长一段时间内,公共财政投入都不可能达到绝对充裕的地步,国家资金支持力度也是有限的。因此,在制度保障上应该体现基金来源的多元性,一方面,社会团体的集资和捐助等方面的资金应纳入基金来源;另一方面,国家也应该尽快确立"非遗"的反哺机制,相关产业化开发主体在对"非遗"进行使用获取经济效益后,除正常收缴税费外,也应收缴特定的"非遗"收益税,并将其充实到非物质文化遗产基金,用这部分税费支持"非遗"的保护和传承等相关工作。目前,我国尚未完善"非遗"产业化反哺机制,虽然一部分企业如东阿阿胶股份有限公司在产业化实践中投入了大量的精力、财力对"非遗"的保护和传承进行了反哺,但这种反哺仅仅是企业自身的行为,我们不能寄希望于其他企业都具有类似的企业自觉性和社会责任感,而应该从法律和规章制度上尽快完善"非遗"反哺机制,从法律上将基金来源和投入固定化、规范化,从资金上保证我国"非遗"的保护和传承。

七、采取系统科学的有效方式

非物质文化遗产的抢救与保护是一项浩大而复杂的文化工程,它不仅涉及文化多样性、一个国家或群体的政治和文化权利,而且与我国当代文化建设、当代经济发展密切相关。因此对它的保护也应是多方面的、全方位的,既包括普查、整理、鉴定、保存和研究,又包括继承、传播、利用和发展。要做好这一系列工作,必须计划可行、措施周全、方法得当,才能循序渐进地进行这项工程。我们认为,抢救、保护与传承非物质文化遗产应重点做好以下工作:

(一)开展普查,收集整理资料,建立完整的资料数据库

普查工作是抢救与保护非物质文化遗产的首要任务。普查中的一项重要工作是采集作品和记述民俗。全面而科学地采集好非物质文化遗产作品,忠实地记录下各种民俗文化事件,才能保存下流传至今的非物质文化遗产的真实面貌,从而为我们从民间文化角度来研究民众的思想和世界观提

供可能，为党和政府制定、实施非物质文化遗产保护规划乃至文化发展国策提供可靠而科学的依据。所以，做好普查，摸清基本情况，才谈得上保护，抢救与保护也才更有针对性。普查是对现在还在流行的各类非物质文化遗产形态和作品及优秀的非物质文化遗产传承人进行调查、登记、采录、建档工作，并按照全国统一编码进行登记并分级建档。凡具有历史、科学、艺术价值的非物质文化遗产均在普查和保护之列。普查要覆盖全国，深入到每一处偏远的地区。

普查中，要以马克思主义唯物史观为指导思想，客观、科学地看待和分析非物质文化遗产的发生、发展，以及在漫长的历史进程中出现的种种现象。要充分尊重民众的创造性，以全面性、代表性、真实性为普查的指导原则。所谓全面性，是指普查中要避免主观主义和教条主义，要进行兼顾城镇和乡村、兼顾不同人群的全面调查和采录。所谓代表性，即在全面掌握某地区的非物质文化遗产蕴藏情况的基础上，选择有代表性的民俗事象、有代表性的体裁形式、有代表性的作品等，加以认真、科学地采录。所谓真实性，是指普查时要忠实地采录讲述者讲述的原貌，按照民间文化作品和民俗表现形态，保持原状、不加修饰地将其记录和描述下来。只有符合这"三性原则"的普查和采录成果，才是真实而有价值的，才能经得起历史的检验。

要做好普查工作，还要掌握科学的方法。普查工作主要有三个步骤，即：普查准备阶段、实地考察阶段、总结评估阶段。在普查准备阶段要做好两项工作，一是制订出普查工作的具体实施方案（计划、大纲、登记表格等），明确普查任务，确定普查时间、目标、方法、步骤，落实人员配备。二是为普查工作人员组织学习培训，使他们明确普查工作的目的意义、目标方法，并根据普查任务和个人专长对普查工作人员做出合理的分工，做到各司其职、互相配合。实地考察阶段是普查的重要阶段，应因地制宜、因时制宜，根据不同情况可采用不同的调查方法，如重点走访、抽样调查、开小型调查会、观摩民间艺术家的表演、参与民间手工艺制作及民俗节庆活动等。调查采访者以笔录、摄影、录音、录像等方式真实地记录下现场考察成果，同时还要注意搜寻民间传抄的唱本、长诗、鼓词、皮影脚本、宝卷（宣卷）、经书、图画册页等手抄本。采集到的口头文学、民间艺术品、民俗实物、摄影摄像、仪式的素描，除原件原物外，还要按照表格的要求进行登记。登记的项目既要有文本实物的名称、内容简介、类别等，也应有讲述者、表演者、提供者的背景材料（姓名、性别、年龄、民族、身份、文化程度、简历、传承系脉、居住地等），还要有采访者（姓名、身份、工作单位、文化程度、联系地址等）及采录的时间地点。总结评估阶段重点要写好调查报告。调查报告应按照普查计划和调查提纲逐一叙述，要对各项内容及要求做出分析和统计，形成完整的书面材料。

普查之后，是对遗产的登记、分类、整理、出版，将普查的结果系统化、规范化、档案化，确定非物质文化遗产保护名录，对遗产设定不同的保护级别。除了图片和文字性的成果出版之外，还应建立以照片和磁带为主的"中国非物质文化遗产影像档案"和用计算机管理的"中国非物质文化遗产数据库"，以及民间传承人档案馆。中国艺术研究院建立的"中国非物质文化遗产数据库（中国非物质文化遗产数字博物馆）"汇集了丰富的中国非物质文化遗产数字化资源。各省（市）、地、县要努力创造条件，更多、更好地建立具有地方特色和民族特色的非物质文化遗产数据库。目前，各省、市、区都在进行普查的后续工作，把普查资料整理编辑成文本，并已出版了一批相关书籍，如陕西有《陕北民歌大全》《陕北民俗舞蹈史话》《陕北民间舞蹈实录》《榆林小曲集》等；广西有《广西非物质文化遗产精粹》《彩调艺术资料大全》《刘三姐传世山歌》《毛南族民歌》《仫佬族风情》《平果嘹歌》（五集）等。这些宝贵的成果为我们深入开展非物质文化遗产保护和研究工作奠定了基础。

（二）做好遗产的评估鉴定工作，认定和命名非物质文化遗产的杰出传承人

联合国教科文组织开展的建立《人类口头及非物质文化遗产代表作》的命名和《关于建立"人类活珍宝"制度的指导性意见》，在理论和实践上给予了支持和保障，并有力地促进了非物质文化遗产的传承和弘扬。我国应以此为借鉴和指导，建立重要及濒危非物质文化遗产评估认定制度，即在普查的基础上，根据非物质文化遗产的历史、文化、艺术、科学等价值，确立其中重要的、濒危的非物质文化遗产进行重点保护。国家、省、市、县四级政府在认定重要非物质文化遗产项目的同时，应重视认定传承人，将传承人纳入"人类活珍宝"的范围。要依据联合国教科文组织《关于建立"人类活珍宝"制度的指导性意见》，建立适合我国国情的非物质文化遗产项目传承人保护制度，为他们创造好的生活、工作条件。要对他们的传承进行档案登记、数字化录存，建立专门的图文影像数据库；组织专家对传承人的成就和传承工作进行学术性、专业性的分析和总结；对其优秀成果举办展演、展览和展示；同时安排他们通过授课、带徒等方式培养接班人，使其技艺得到完整传承。

除此以外，有关社会团体和各个保护机构也要为传承人的保护做出努力。中国艺术研究院也应积极筹措经费,为相关民间艺术创作研究员举办展览、研讨会,并用录像和记录等方式将他们的技艺整理、保护下来。这些举措都将有力地促进我国非物质文化遗产的抢救、保护和研究,建立起以人为核心、科学有效的传承机制。

(三)制定和落实相关政策,加强对非物质文化遗产开发利用的管理

非物质文化遗产集文化优势与地域优势于一身,重视其有效的开发利用,对于弘扬地方优秀的民族文化、发展地方经济至关重要。政策措施是加强政府宏观管理职能的重要手段,有了行之有效的政策措施的保证,非物质文化遗产的开发与利用才能更加科学合理。在政府相关政策的规定下,非物质文化遗产的开发与利用首先应遵循适度性原则,因为各民族的非物质文化遗产都是有限的,有的开发与利用的条件是成熟的,稍加市场运作就可以开发;有的还不太成熟,需要经过一段时间的培育成熟后,才可以利用。要不断强化保护意识,开发利用一定要有利于非物质文化遗产的保护。尤其是作为旅游资源来开发的非物质文化遗产,更应该在相关政策的指引下,把开发与保护融为一体,有效地防止对遗产的过度开发和损毁性的利用。其次应坚持多样性原则,我国少数民族众多,遗产开发要有利于各民族间的理解和沟通,有利于促进各民族间的信赖和尊重,有利于各民族间的团结和社会稳定,要避免在保护、开发和利用上厚此薄彼,引起不必要的民族纠纷。

(四)保护文化生态环境,建设文化生态保护区(村)

为了使民间原生态非物质文化遗产存活下来,我们就应该重视与其紧密相依的文化生态环境的保护。虽然在广大时空背景中,要把活态的民间非物质文化遗产保持在原始的自然状态下使之不发生变化是不可能的,但是,在一个局部的特殊环境中,采取相应措施,使原生态民间非物质文化遗产存活较长时间,并扩散其影响,是完全可能的。一个民族有一个民族的文化,每个民族文化又有与众不同的特色。建立民族文化生态保护区(村),既可对非物质文化遗产的保护设立最安全的屏障,又能将民族文化遗产的真实状态保存在其所属的环境之中,使之成为活文化。

由于我国非物质文化遗产主要分布在广阔的农村,还有相当大的一部分在少数民族地区,因此,乡、村是我们非物质文化遗产保护的重点,特别是在少数民族地区。我们应当在各主体少数民族相对集中的地区建设民族非物质文化遗产项目生态保护圈,在保护圈民族聚居区中,对具有代表性、独特性而又濒临消亡和传承危机的民族非物质文化遗产项目建立保护性基

地,如特色艺术乡、民歌村等,把它建设成类似"自然保护区"那样的非物质文化遗产项目保护区。全国涌现出一大批具有浓郁民族特色和艺术风格的艺术之乡,促进了当地社会主义精神文明和物质文明的建设。事实证明,划定文化生态区(村),认真加以保护,是使非物质文化遗产立体生存的有效方式。我国应在民间文化遗存较完备的地区和少数民族聚居的地区,有步骤、有计划地做好文化生态保护区(村)的建设。

(五)建立非物质文化遗产的知识产权制度

在经济全球化的新形势下,知识产权日益成为最重要的产权,知识产权的竞争成为迄今为止最高级别的竞争。保护知识产权就是保护民族的根本利益,就是保护知识产权所有者的人权,也是保护国家主权。目前,我国还没有健全的非物质文化遗产的知识产权制度,难以遏制非物质文化遗产的滥用或流失。为了保护国家和民族的利益,保护民族的精神权益和物质权益,我们必须尽快建立、健全相应的知识产权制度和一些强制性保护措施。知识产权制度要明确非物质文化遗产项目的知识产权主体、客体及内容,确立非物质文化遗产项目的使用许可制度。强制性保护措施包括:对民间传统工艺、民间绝技的保密,对重要的非物质文化艺术资料出境的限制,对著作权转让的限制等,以防止珍贵的非物质文化遗产资源被掠夺、流失海外。这是保护非物质文化遗产不容忽视的举措。

(六)在非物质文化遗产保护中必须增强文化安全意识

中国的非物质文化遗产是我们中华民族优秀的文明成果和宝贵的精神财富,任何一项都不能因他国的文化掠夺或我们工作的疏忽而流失或失传。为此,各级非物质文化遗产的保护主体,要增强文化安全意识,加大保护力度。当互联网成为保护传统文化的重要阵地时,如何利用互联网对我国非物质文化遗产进行有效的保护,也是我们面临的重要课题。

第二节　创设投融资多元化渠道

要全面实施抢救与保护非物质文化遗产的工程,就需要一定的资金投入、物质保证。所以,国家应设立抢救与保护非物质文化遗产专项基金,用于资助非物质文化遗产的普查、采录、保护、教学、研究、传播、出版,以及资助培养传承人等。资金的来源应该是多渠道的,要吸纳企业和社会的赞助,还可以考虑从与民俗文化有关的经济收入中提取适当比例,用来作为非物质文化遗产保护与发展基金。

就目前来看,投融资助力"非遗"产业的模式可以有以下几种:

一、进一步完善信贷融资体系

信贷融资是中国文化产业当前最主要的融资途径。以前,此类型企业获得的信贷支持一直比较有限,这种局面在近几年有了明显改变,包括信贷、股权投资、债券等在内的多种融资模式开始不断在文化产业界出现。目前,从中央到地方推动银行授信进入文化产业领域的政策支持体系正初步构建。随着多种金融手段的运用,中国一批大型文化企业逐步摆脱了发展缺乏资金的困境。这些进步固然让人欣喜,但我们也应该看到,银行信贷对文化产业的支持还仅仅处于起步阶段,没有做到广泛支持、全面覆盖,银行信贷支持的对象仍集中于成熟的大型文化企业如影视行业、传媒行业,在贷款审查时,也倾向于产业化较充分、市场竞争力较强的文化企业或项目。

相比较一些优势文化类企业,面广量大的"非遗"中小型企业更需要资金支持,但是由于信贷风险过大,银行信贷迟迟不敢涉足此类中小企业,远未形成成熟的贷款运作模式。手工技艺类"非遗"产业化尚处于起步阶段,如何让中小型"非遗"类企业获得快速、高效、畅通的融资渠道已经成为发展中的新课题。不仅如此,文化产业的诸多特性决定了"非遗"类企业与其他企业有较大不同,真正完全解决融资问题还需要打破更多瓶颈,破解更多的难题,这离不开各级政府的政策支持和示范引导。国家应通过各项措施,引导社会资本流入"非遗"产业项目。与此同时,对列入中央和地方政府重点支持的"非遗"项目,各金融机构应在风险可控、商业可持续原则的基础上,根据不同企业的实际情况,建立符合监管要求的灵活的差别化定价机制。根据"非遗"产业项目特点,金融机构在有效防范风险的基础上可适当延长贷款期限。另外,各级政府应该规范和指导各级信贷机构,根据"非遗"企业固定资产比重较小,技艺技巧与知识产权等无形资产比重较大的特点,建立科学的资产评估系统和全新的授信评级体系,开展无形资产抵押贷款和专业担保公司贷款业务。将加强信贷风险管理和积极促进"非遗"产业发展相结合,对于国家重点支持的"非遗"企业和项目,金融机构内部也要在控制风险的前提下,优化、简化审批流程,提高贷款审批效率。引导金融机构支持"非遗"项目,而对于金融机构服务"非遗"项目的行为,国家也应该通过政策法规和行政示范进行引导和鼓励,同时为中小"非遗"企业通过发行短期融资券、中期票据、集合票据等方式融资提供便利,对此类中小企业发行直接债务融资工具的,鼓励金融机构适当降低中介费,减轻"非遗"企业的融资成本负担。对于运作比较成熟、未来现金流比较稳定的"非遗"项目,可以用相关企业的未来现金流、收益权等作为基础,探索开展文化产业项目的资产证券化试点,在最大限度上对"非遗"企业的信贷融资提供支持。

二、成立"非遗"投资专项基金制度

政府作为社会公共事业和公共产业的指导者和监督者,其宏观调控职能在任何时候都不可或缺,非物质文化遗产的保护与开发固然不能一味地依赖政府投资与财政支持,但政府职能也不能缺失,纵观世界上非物质文化遗产保护与开发比较到位的国家,政府的财政和资金支持是必不可少的,在某些时候,甚至起到了较为关键的作用。因此,国家应该建立系统化、制度化的传承资金投入机制,形成国家、省、市、县四级的塔形非物质文化传承活动投入体系,并逐步建立一套与财政增长相挂钩的传承资金投入机制,以确保传承活动顺利进行。同时,各级政府应该借鉴发达国家的成熟经验,大力发展和建立专项的"非遗"投资基金,对于"非遗"中经济潜力大、市场前景好的门类,应尽快设立"非遗"产业化基金予以扶持。基金应由各级政府注资引导,着力吸收国有骨干文化企业、大型国有企业和金融机构认购,由专门机构进行管理,实行市场化运作,通过股权投资等方式,推动"非遗"的开发和传承活动。此外,国家应通过政策示范和引导,使社会资金进入"非遗"产业化领域,为"非遗"开发和传承提供资金。就目前来看,社会资本进入"非遗"产业领域规模仍然偏小,没有形成规模优势和政策氛围,在政策允许的合理范围内,国家应该继续降低社会资本进入门槛,提供强有力的政策保障和政策支持。积极鼓励符合条件的企业通过 IPO 进入主板、中小板、创业板证券市场融资发展,鼓励风险基金投资机构大力开发支持"非遗"产业,通过政策引导国内外资本参与"非遗"产业化和传承活动,逐步在政策允许范围内实现"非遗"产业领域对国内外资本全方位、全过程开放。同时,国家也应该尽快确立"非遗"的反哺机制,对相关企业在创业初期进行一定的政策倾斜和优惠的同时,对已经获得产业化效益的企业,收取合理的收益税,用这部分税收支持全社会"非遗"的传承活动。

三、实施资产重组计划

资产重组概念的内涵和外延在我国并没有相对明确的规范,一般用来表述一切与公司重大非经营性或非正常性变化的总称,具有概念泛化的特点。目前来看,资产重组一般指企业资产主体与其他企业主体进行的,对企业资产的分布状态进行重新组合、调整、配置的过程,或对设在企业资产上的权利进行重新配置的过程。资产重组在我国主要包括股权转让、收购兼并、资产剥离和资产置换四种表现形式。

股权转让:主要是指公司的大宗股权转让,包括行政无偿划拨、股权有偿转让、二级市场收购等形式进行,一般发生在公司调整原有业务、引入外来管理或资本时期。

收购兼并:主要指具有法人资格的经济组织,通过以现金或其他方式购买被兼并企业或以承担被兼并企业的全部债权债务等为前提,取得被兼并企业全部产权,剥夺被兼并企业的法人资格,以实现生产要素的优化组合。

资产剥离:主要指公司将其本身的一部分资产出售给目标公司而由此获得收益的行为。根据出售标的差异,可划分为实物资产剥离和股权出售。

资产置换:主要指公司控股股东以优质资产或现金置换公司的存量呆滞资产,或以主营业务资产置换非主营业务资产等行为这是各类资产重组方式当中效果最快、最明显的一种方式。资产重组使优势企业可以有效配置社会资源,获取先进技术与人才,谋求企业经济实力的增长,促进企业扩张,获得规模经济和相对利润,同时对促进企业加强经营管理、增强企业市场竞争力也有重要的作用。国内"非遗"类企业规模一般较小,因此,更应该抓住机遇,谋求资产重组,通过引进大企业的资金作为外力,推动自身产业升级和跨越式发展。

第三节　建立健全非政府组织参与机制

一、非政府组织的内涵与发展现状

(一)非政府组织的内涵

非政府组织是指那些在地方、国家或国际级别上建立起来的、以促进经济发展与社会进步为目的的社会组织,是一种不属于政府、不由国家建立的组织,通常独立于政府存在。非政府组织是在地方、国家或国际级别上组织起来的非营利性的自愿公民组织。非政府组织提供多样化的公共服务,向政府反映公众需求,提出合理意见或建议,影响政府政策制定。它具有组织性、民间性、公益性、自治性、志愿性、非营利性、合法性、非政党性等特征,以及社会服务、沟通协调、监督管理等基本功能。它又被称作"第三部门""非营利部门""利他部门"。

(二)我国非政府组织发展现状

西方国家适用的合作竞争关系在中国并不适用,因为我国不存在"强社会、弱国家"的基础社会关系。目前的模式还是相互补充关系,更多的还是非政府组织对政府的依赖。

财政依赖:我国非政府组织在资金上过度依赖政府,使其失去自主权和话语权。据调查,其资金来源仅有21%来自自筹会费。

组织管理的依赖:非政府组织的负责人中仅有70%直接或间接来自于相关政府部门、事业单位。其组织人事权的丧失,使其成为政府或某些大型企业的附属物。

政策依赖:非政府组织的成立需要经由政府部门的审批,在运行过程中又需要迎合政府部门。这样实质上使其成为协助政府工作、执行政府决议,而丧失了其公益的目的。

二、非政府组织与政府关系的几种主要模式

(一)相互依赖模式

就资金来源而言,政府具有无与伦比的优势,税收具有强制性,每个公民都应该义务向政府纳税,这就保证了政府资金来源充足且持久,而非政府组织只能通过志愿捐款或向社会提供服务而获得非营利性收入,资金的不稳定导致非政府组织在这方面必须依赖政府;相较政府工作的宏观与整体性而言,非政府组织显得更为细致和多元,针对不同群体且更贴近基层。因此二者优势互补、相互依赖。

(二)合作互补模式

社会转型时期,非政府组织因其组织灵活、运行成本低等优势提供了政府不能提供的公共产品,为政府运行减轻了负担。但是其本身也存在相应的局限性。首先,无法向受益者提供均等化的公共服务;其次,其资金来源不稳定,开支与所掌握的资金存在巨大的缺口;最后,其管理人员会根据自身偏好和需求做出决策,甚至追求功利主义。这样的失灵就要求"有形的

手"——政府进行监控管理。因此,二者应该相互合作、取长补短。

(三)非对抗竞争模式

政府和非政府组织资金都来源于公民,二者的区别在于强制与自愿。但当政府提供公共物品或服务缺乏效率时,公民就会向政府施加减税的压力甚至"用脚投票",政府被迫减少税收而非政府组织则获得更多的财政资源,反之非政府组织缺乏效率时也会产生类似后果。这种良性的竞争有利于提高公共服务的效率,利于二者的发展。

三、非政府组织在"非遗"保护工作中的优势与作用发挥

正是基于非政府组织的上述特点和优势,世界各国普遍意识到社会团体、社会组织在参与社会公共事务方面的重要性。非政府性社会组织参与公众事务,一方面可以减少政府机构工作压力,另一方面非政府性社会组织更贴近社会,可以更加灵活机动地根据实际情况对公众提供服务。此外,非政府组织在参与公共事务的同时,还可以对政府机构相关行为进行监督,可以有效地避免政府机构异化,减少官僚主义、权力滥用等行为。这一思潮也反映到"非遗"保护和传承领域。究其实质,非物质文化遗产本身就具有民间性的特点,从民间来,到民间去,在民间传播是非物质文化遗产与生俱来的特点。我们不否认政府在非物质文化遗产传承与开发中的重要作用,但仅有政府是不够的,政府行政措施刚性治理的特点并不能完全适用于门类众多、包罗万象的非物质文化遗产的传承与开发工作。在非物质文化遗产领域,"政府万能论"无论在理论还是在实践中都是行不通的。

随着对"非遗"保护工作的认知程度逐步加深,社会各界普遍意识到,虽然政府在"非遗"保护中扮演了重要角色,但非物质文化遗产本质上属于群众性民间文化,单纯依靠行政力量的推动,并不能达到良好的保护与传承效果。群众才是非物质文化遗产真正的主人,如何唤醒民间的文化自觉才是"非遗"保护的根本。"非遗"保护不仅是政府职责,更需发动民间力量、吸引民间资金,形成社会的文化自觉和文化认同。因为大量"非遗"项目存在于民俗活动中,民俗活动是"非遗"持久发展的沃土。民俗活动最根本的一个特点是群众的自发性。对这种自发性的引导和发挥,不但体现"非遗"保护的人民主体地位,而且也是"非遗"保护持续性、有效性的基本主张和举措。保护民俗活动就是发挥人民群众在"非遗"保护中的主体地位和作用,使"非遗"项目更具旺盛的生命力。我们应该清醒地认识到,社会团体、社会组织

也是"非遗"传承和产业化实践不可或缺的推动力量。无论"非遗"本身还是"非遗"传承群体和开发主体,均广泛分布于社会。因此,不仅需要各级政府,还需要社会公众高度关注并积极参与。相关非政府组织更贴近社会和群众,是承担"非遗"保护和产业化重任的生力军。正是基于上述认知,我国"非遗"保护原则就有关于"社会参与"的重要论述。在《中华人民共和国非物质文化遗产法》第九条中有"国家鼓励和支持公民、法人和其他组织参与非物质文化遗产保护工作"的条文;在第三十六条中有"国家鼓励和支持公民、法人和其他组织依法设立非物质文化遗产展示场所和传承场所,展示和传承非物质文化遗产代表性项目"的条文;在第三十三条中有"国家鼓励开展与非物质文化遗产有关的科学技术研究和非物质文化遗产保护、保存方法研究,鼓励开展非物质文化遗产的记录和非物质文化遗产代表性项目的整理、出版等活动"的条文。这充分证明了非物质文化遗产的保护与传承,不仅是政府责无旁贷的责任,同时也是全社会应尽的义务。随着我国社会对 NGO 重要性的认识逐步加强,NGO 在参与非物质文化遗产保护方面将有更大的施展空间。在我国,凡是参加非物质文化遗产保护协会等 NGO 的机构、团体或个人,多半都是高校、科研院所及有专业背景的专家和学者,在参与非物质文化遗产的保护过程中,他们以谨慎、负责的态度对待保护工作。由于非政府组织非营利性的特点,他们在参与文化遗产的保护工作中,无论态度和动机都比较纯正,不掺杂私利和其他目的。仅仅是凭着对非物质文化遗产保护工作的热爱与研究,自觉自愿加入这类非政府组织,为政府的决策提供有力支持,也会更加科学、公正、合理,在很大程度上配合了政府的工作。同时,由于他们较为广泛的社会影响和较高的社会地位,也能在一定程度上带动社会风气,他们对非物质文化遗产的重视及保护、宣传工作,能起到示范带头作用,引导社会上更多的人和群体、机构加入非物质文化遗产保护和传承工作。除此之外,还有一些由非物质文化遗产传承人和业余爱好者组成的 NGO,这类 NGO 比较接地气,更注重从自身所处的微观领域出发对非物质文化遗产进行保护。该类团体能将不同的传承人和传承群体会集在一起,自觉地进行技艺交流、传授与传播,打破传统的技不外传的陋习,有利于相互之间的交流、合作与资源共享,也在很大程度上保护与传承了非物质文化遗产。

可以说,NGO 和社会公众有力地促进了我国"非遗"的抢救、保护和研究。相关研究发现,大多数"非遗"类开发企业成功,一方面有赖于各级政府部门的支持,另一方面也离不开高校、科研院所等社会团体、社会组织、社会大众的帮助。独具特色的产、学、研"联姻"之路，是公司发展的动力引擎。同时，社会团体、社会组织对于"非遗"产业化实践的重要意义，将学术界、研究机构、大专院校、企事业单位、民间团体等社会团体、社会组织动员起来不是权宜之计而是必由之路。因此，应该建立健全 NGO 参与机制，使之制度化、规范化、长期化。真正做到社会公众依法、自愿、主动参与"非遗"保护和产业化实践，并在参与中共享成果。在"非遗"保护和产业化工作中，应该广泛吸纳全社会意见，做到群策群力、各展所长，鼓励社会团体通过科研调查、志愿宣传、普及知识等方式向社会和群众提供优质和便捷的公共服务，以更好地协助国家和政府实现"非遗"传承和产业化实践的公共利益。

第四节　积极创新人才培育立体教育体系

非物质文化遗产保护的关键是培养具有综合素质的传承人才，但目前非物质文化遗产传承人才培养仍主要依靠代表性传承人的口传身授，缺乏持久性，潜在危险性，使非物质文化遗产濒临于自生自灭的困境中，一旦代表性传承人不在了，此"非遗"也就可能不复存在。而且，现在国内高校尚未设置非物质文化遗产保护教育的大专、本科专业，传承教学基地也尚未形成全方位立体教育体系。因此，本节重点探讨政府为主导、属地为基础、高校为龙头的非物质文化遗产传承人才培养立体教育体系的构建。

一、政府为主导，统筹规划

非物质文化遗产传承人才培养是一项非常复杂的工作，面临的任务十分繁重。因此，建立和完善一种上通下达的行政机制体系是至关重要的。

为加强对非物质文化遗产保护工作的领导，各地区已相继成立非物质文化遗产保护工作领导小组，负责研究协调非物质文化遗产保护工作的重大事项。但鉴于教育领域对非物质文化遗产缺乏重视和价值认知，教育和文化遗产保护、传承脱节，非物质文化遗产尚未纳入国民教育体系的现状，很有必要再设立由省级主管领导挂帅，教育、文化部门具体负责，政府官员、专家、企业家和非物质文化遗产代表性传承人共同组成的非物质文化遗产教育领导小组、专业委员会和民间协会，并制定人才培养专项规划。在各级党委高度重视、政府认真实施、人大立法保护、政协建言献策的强力推动下，切实落实法规保障、政策引导、组织保证、资金扶持，并且实行从中央到地方的五级政府联动,充分利用幼儿园、中小学、高校的资源,将非物质文化遗产纳入国民教育体系,统筹布局教学基地,开设相关专业,开展网络教学,制定特长人才定向招生政策,建立非物质文化遗产传承人才培养的立体教育机制。

二、属地为基础,营造环境

非物质文化遗产具备其他文化遗产所没有的"活态性""传承性""流变性"等特征。非物质文化遗产的最大的特点是不脱离民族特殊的生活生产方式,是民族个性、民族审美习惯的"活"的显现。它依托于人本身而存在,以声音、形象和技艺为表现手段,并以身口相传作为文化链而得以延续,是"活"的文化及其传统中最脆弱的部分。非物质文化遗产是属于民间的,是属于广大民众的,民众才应该是非物质文化遗产传承和保护的真正主体。因此,构建非物质文化遗产传承人才培养的立体教育体系应以属地为基础。

非物质文化遗产的属地有责任着力保护生态环境、人文环境和整体氛围,有计划地建立文化生态保护区,建设非物质文化遗产专题博物馆、展示中心或传习所,积极发展民营博物馆,抢救征集具有历史、文化和科学价值的非物质文化遗产珍贵实物和资料,建立并完善保管制度,进行在校教育与远程教学相结合、专业教师与传承艺人相结合、系统专业教育与短期培训相结合、教育基地与实践基地相结合的多元化非物质文化遗产传承人才培养立体教育,并为教学、实习、培训等提供基础条件。尤其面对当前一些掌握绝活的艺人存在年龄老化、后继乏人的现象,一些依靠口传心授的非物质文化遗产正在不断消失的现状,急需加强对代表性传承人的保护,并全力组织、支持他们参与、融入非物质文化遗产传承人才立体教育体系。通过代表性传承人的带徒传艺,参与各类培训讲学,融入各级学校的教学,同时,运用多媒体技术将其技艺录音、摄像保存、传播。将非物质文化遗产属地真正建设成传承人才立体培养的基地。

三、高校为龙头,立体教育

全国政协委员、中国国家画院艺委会副主任李延声建议,"要唤醒全体国民,特别是广大青少年的文化自觉。从学校教育入手,从青少年抓起,对于文化遗产传承与繁荣发展具有极其重要的战略意义。"通过加强对青少年的传统文化教育,把非物质文化遗产保护纳入国民教育体系,积极推进非物质文化遗产进课堂、进教材、进校园,形成以高校为主,幼儿学前启蒙教育,中小学认知、选苗教育,高校专业教育的一条龙教育是非物质文化遗产传承人才立体教育体系的主线。

培养人才应从娃娃抓起,幼儿学前启蒙教育至关重要。通过技艺演示,实物展示,故事讲述,音乐、舞蹈、美术、剪纸等初步学习,经过非物质文化遗产的熏陶,可使幼儿近距离感受我国优秀传统文化。

培养非物质文化遗产传承人才源自青少年,青少年的中小学认知教育是关键。中小学将非物质文化遗产教育列入教学体系,编写教材,设置课程,聘请代表性传承人讲课、辅导,增强学生对非物质文化遗产的认知,培养兴趣,掌握某些技能,组织课外兴趣活动,并参与社会实践,在教学实践中注意发现有发展潜能的幼苗,有意识地进行定向培养,才能为高等院校相关专业输送人才,并为非物质文化遗产保护、传承、发展奠定广泛群众基础。

培养非物质文化遗产传承高素质专业人才是高校义务。"高校现代化的教育体系、规范的教学管理、系统的专业训练为非物质文化遗产人才的规范培养提供了保证。高校在非物质文化遗产保护中的地位是其他单位不能替代的。"①高校应义不容辞地担当起非物质文化遗产传承人才培养的带头作用,创建相关专业,设置课程,编写教材,并聘请非物质文化遗产代表性传承人进校传艺。同时,建立网络教育体系,为在职拜师学艺的传承人提供系统教育、综合素质教育的平台,为喜爱非物质文化遗产的大众提供学习、欣赏的机会。

"不具备设置本科专业的高校可以考虑增加相关公共课或公选课,大力开发和构建非物质文化遗产教育课程体系和教材体系。"②并开展非物质文化遗产进校园,组织形式多样的非遗文化保护展览、表演、宣传、教育和讲座等活动,增强大学生对非物质文化遗产传承的责任感,成为非物质文化遗产保护的爱好者、组织者、传播者。

非物质文化遗产传承人才培养任重道远,通过学龄前幼儿启蒙熏陶、中小学认知教学、大专院校深造的连续教育,采取学校正规教学与民间带徒传艺双重教育方式,采用学校教学、代表性传承人亲授和远程教育三结合,以

---

① 丁永祥.高校非物质文化遗产教育论略[J].河南师范大学学报(哲学社会科学版),2011(2):251.

② 王卓亚,李惠英.高校非物质文化遗产教育现状及对策[J].知识经济,2010(9):154.

幼儿、中小学、大专院校教师和代表性传承人四支师资队伍互补融合,课堂教学、网络学习、拜师学艺、短期培训、社会实践五种形式相辅相成,集政府、学校、民间的综合资源和力量开展立体教学,有望培养大批既拥有专业技能,又具备综合素质的非物质文化遗产传承人才。

第五节　加强传统文化与现代艺术产业的融合

在当前现代艺术产业迅猛崛起的背景下,将中国传统文化与现代艺术产业的融合发展,具有重要文化价值和市场价值。

第一,强化创新意识,为传统文化和现代艺术产业注入新的活力。我国的传统文化不仅体现了我国深厚的文化渊源,还是促进我国经济发展增速的强心剂。然而我国传统艺术倘若不跟现代艺术产业融合发展,不仅不能促进我国的经济发展,还会导致自身的衰竭。对于传统文化与艺术产业的融合发展,要不断强化创新意识。传统文化和艺术的产业化不能仅仅停留在文化的艺术表现手段和技巧,还应在形式、内容和理念层面进行创新。想要更好地发展传统文化,就必须使其适应于现代产业,与艺术融合,成为一种时尚。传统文化自身并不具备适应时代的能力,我们应当将其与现代艺术产业融合,加大二者在创新领域的投入,使其顺应时代的发展,在传承传统文化的同时对其不断革新。例如,西安地区唐代壁画是中华文化的精髓之一,我国的服装设计企业可以利用西安壁画群的传统文化价值,以西安壁画艺术形象的造型和色彩为装饰手段,借助现代服饰为载体,展现清丽淡雅的东方气质和韵味,使得我国传统文化通过与现代艺术产业的结合而重焕生机。再如,我国的一些设计公司或工作室,可以利用西安地区唐代壁画的造型和色彩元素,将其运用到产品包装或旅游产品的开发中,使得设计风格更具有魅力,民族特色更突出。

第二,加大宣传推广力度,注重特色品牌建设和市场定位。产业管理部门还应当充分利用大众媒介的优势来推广传统文化艺术产业。首先,在广大群众中宣传我国传统文化,加强群众对现代艺术产业的认知,强化对二者融合的认同感;宣传我国传统文化与艺术产业结合的支持政策以及国外的成功经验,启发、鼓励和引导民间资本投入传统文化艺术产业。其次,积极对外宣传我国传统文化,加强我国传统文化艺术产业在国际市场的影响,使更多国际友人了解我国的传统文化艺术产品,以达到凸显产品文化价值和经济价值的目的。同时我国传统文化艺术的产业发展还需要加强特色品牌的建设,形成品牌效益,继而拉动相关产业的发展。要和现代艺术产业紧密结合,就要开发那些兼具历史价值和产业化条件的传统文化,进行合理的市场定位和再包装,设计精品文化产业发展路线,逐步构建一、二线品牌梯队。

第三,完善管理机制,支持传统文化的创新和现代艺术产业的发展。政府作为传统文化和艺术产业的融合发展的关键,应当主动积极投入传统文化资源的保护工作和文化艺术产业发展的促进工作。首先,政府应当完善文化资源保护和文化艺术产业发展的相关政策法规体系,带动文化艺术产业结构的优化提升,鼓励民间资本的进入。其次,政府可以通过设立专项资金,对具有市场价值的文化艺术项目给予特殊照顾,使优质传统文化艺术的产业化顺利完成。再次,政府还应当合理利用各地不同的文化资源,发展对应产业,构建由政府主导的研究机构,负责各地文化艺术交流、建立市场监督机制。最后,对知识产权进行深度维护,优化管理手段,推广市场化发展。在保留传统文化元素的前提下,以现代人喜闻乐见的形式钻研和开发延伸产品。[①]

第六节　不断完善交易和流转平台

众所周知,从目前的非物质文化遗产的发展情况来看,通过我国政府的持续呼吁,整个社会对其关注度已大为提升,公众参与的热情也日渐高涨。所以,对非物质文化遗产发展的各种研究、各种探索实践等方面做的工作数量众多,每年都有很多的项目和成果不断地被推广展开,基本上建构起了非物质文化遗产蓬勃发展的格局。随着非物质文化遗产的保护与利用工作的日渐深入,其与市场的联系日益密切,非物质文化遗产艺术品实物交易逐步走进了人们的视野。

从 2007 年开始,上海、深圳等地产权交易所几乎同时提出构建国家级"文化产权交易所"的设想。2009 年 6 月 15 日,上海文化产权交易所正式成立,这是我国第一个以文化物权、债权、股权、知识产权等作为交易对象的专业化市场平台,其诞生标志着文化产业与金融资本的"联姻"。这一平台

――――――――――

①　鞠月,马旱升.现代艺术产业为传统文化赋予新的历史价值[J].人民论坛,2016,12(3):1—139.

以政府资源为基础,市场为基本运作平台,实现政府与市场、国内与国际、国有与非公文化产权交易的全面发展。平台内容以文化产权、文化版权的交易为核心,发挥上海的金融优势,整合包括孵化、登记、展示、推介、交易、经纪、信息等在内的各类服务要素,提供高质量的产权交易服务、产权信息服务、投融资服务、增值服务等与文化产权交易有关的服务模式。上海文化产权交易所投入运行后,首批有 500 多个国内外项目进入平台交易,其中来自日本、韩国等国家和地区的境外项目有 50 个左右。由深圳广电集团、深圳联合产权交易所、深圳报业集团和文博会公司四家单位联合投资设立的深圳文化产权交易所正式成立,深圳文交所的交易品种包括文化股权、物权、债权及文化类知识产权的转让或授权交易,文化创意项目投资受益权、文化产品权益的融资交易,各类文化艺术品拆分权益以及资本与文化对接的投融资综合配套服务。交易所参与方非常广泛,不仅金融机构、保险公司等专业机构可以参与,社会大众也可以成为产权或股票投资者,从而引导了社会大众对文化产业和"非遗"的关注。深圳文化交易所的一大特色是实现了与深圳国家文化产业博览会的对接和互动,深圳文博会是唯一的国家级文化产业博览交易盛会,从 2005 年开始每年 5 月在深圳举行。截至 2021 年底已经举办了 17 届。文交所从文博会信息中精选出优秀项目在文交所交易,两个交易平台交流互动、相得益彰。

现阶段我国非遗艺术品市场及其产业已飞速发展,非遗艺术品及其产业日渐成为中国艺术品市场及其产业的一个不可或缺的部分。因此,本节以非遗艺术品实物电子交易为例来讨论交易市场的创新,现从以下两方面初步阐述这一主题。

(1)非遗艺术品实物集成电子化交易是其市场化与产业化发展的重要突破口。非遗艺术品(也有人称之为非遗产品)及其产业,是中国艺术品市场及其产业不可或缺的组成部分。虽然从我国非遗发展的整体战略格局来讲,非遗的抢救、保护与传承还是一项不可动摇的战略任务,占有主导性的位置,但这并不妨碍适合于有条件市场化、产业化发展的非遗资源进入非遗艺术品市场与产业发展的格局中。

文中所强调的非遗艺术品,是指在市场与产业格局中的非遗产品,是能够进入市场和产业发展的非遗种类和资源。除此之外,仍存在以下两种类型的非物质文化遗产:一是那些处在抢救和保护状态中,不能进入市场及产业化发展环节的非遗种类和非遗资源;另外一种是尚待学界论证其进入的可行性的非遗种类与项目。以上两种情况的非物质文化遗产暂不列入本研究的范畴。所以,从这一个视角来看,我们必须正视非遗艺术品市场,正视非遗艺术品产业。同时,更为重要的是,我们不能也不可能拒绝非遗艺术品市场及其产业发展的创新,因为只有符合市场与产业发展规律的创新,才能更好地激发非遗资源的生命力,才能更好地推动非遗的发展与当代社会生活的融合。关于非遗艺术品实物集成电子化交易的研究与探讨,就是从市场交易模式的层面来推动非遗艺术品市场的创新。这一研究所探讨的发展模式是非遗发展过程中众多创新发展模式之中的一种,更是当今现代市场经济与产业经济关注与重视非遗发展与资源的具体行动。

当下,非遗艺术品及其产业的发展有了一些进展,但这种进展与非遗在文化建设中的战略地位极不相称,与当下我国文化产业迅速发展的局面也很不相称。但同时,这也彰显出巨大的市场潜力与空间。在艺术品产业向资产化、规模化、大众化、国际化发展的战略格局中,非遗艺术品及其产业只能进一步整合资源,依托优势资源进行创新,以创新促进融合发展。而创新的突破口就是要进一步按照资源差异化的特点,来进一步改善供给,发掘需求。而从目前来看,非遗艺术品市场交易环节的创新是重中之重,而"平台＋互联网"机制下的电子化交易,又是可行而又可选的重要战略突破口。

(2)非遗艺术品实物集成电子化交易的战略意义。非遗艺术品市场交易模式电子化创新,是进一步拓展非遗文化艺术经济与社会效应的重要路径,可以有力地推动非遗艺术品市场及其产业的发展,不断释放非遗发展的效应。非遗艺术品实物集成电子化交易的探索,具有以下三方面的重大意义:

首先,非遗艺术品实物集成电子化交易是一种新的交易模式,是一个平台化的交易,在平台的整合功能的作用下,可以最大程度地改变现有非遗艺术品的需求与供给状况,可以大幅度地推进非遗与当代社会生活的融合发展。一方面,平台效应可以最大程度地聚合非遗创意、生产、创作等资源,在资源的聚合中可以生发出更多的个性化的创意与产品,从而丰富非遗艺术品市场供给端的状况;另一方面,平台效应又能最大程度地聚合多元化的需求,从而在个性化需求的整合、实现在流转方面拓展更多的空间,从而能够更为有效地发掘需求。有了丰富的多元化的供给与个性化的需求,非遗艺术品就会走入市场、进入消费,这可以说是利用市场机制,推进非遗与当代生活融合的重要战略路径。

其次,非遗艺术品实物集成电子化交易,这种平台化交易的创新,为非遗资源或是非遗艺术品价值发现建构了新的平台,为非遗资源及其产品价值链的建构打下了基础。众所周知,平台最大的价值在于它是建立在"三公"原则基础之上的具有公信力的平台,是一种具有诚信功能的平台,这是一个平台的最大价值所在。非遗艺术品在这个平台上,通过大量、快速、反复的高密度、高频次的交易,为非遗艺术品挖掘内涵、挖掘价值、发现价值、提升价值提供了非常重要的公开的路径与可能性,有利于推动实现非遗艺术品市场及其产业与金融的融合发展。

最后,非遗艺术品实物集成电子化交易为非遗艺术品及其产业大众化打开了一个重要窗口,也为非遗普及及优秀非遗艺术进行社会美育开拓了一条重要路径,体现了消费是最好的传播与学习的理念。非遗文化艺术品交易的过程,同时也是文化艺术普及与美育的过程,在交易中传播,在交易中消费,在生活中消费与使用,在使用中体验,这些都是最好的、无言的普及与美育。

下一步,有关部门应该在完善文化产业流转总平台的基础上,通过打造专业的"非遗"市场子平台,为"非遗"产业化工作做好服务。由于"非遗"产业化项目的弱势地位,有关部门应在市场宣传、市场推荐、交易服务等方面实施更为机动和灵活的政策,引导社会资本广泛进入"非遗"市场子平台寻找发展机遇,促进"非遗"相关生产要素向掌握信息最充分、最能实现"非遗"产业化的经济主体流动,通过有序地组织、交换和发布市场信息,有效降低买卖双方搜索成本、调查成本、谈判成本以及保障履约成本等一系列交易成本,从而实现其合理的市场价格,推动市场内"非遗"相关知识产权的流动、组合和重新配置,为"非遗"产业化提供强大的政策引导和资金支持。在实现文化产业与金融资本有效对接的同时,促进"非遗"知识产权成果转化,推动"非遗"产业更好地发展。

第六章　实践研究——以陕西省北张村楮皮纸非遗制作技艺为例

第一节　楮皮纸工艺的发展演变

一、古代手工楮皮造纸工艺

楮皮造纸工艺主要概括为以下部分：

(1)楮树枝砍伐后用水蒸煮2～3小时后取出，方便进行人工剥皮。

(2)剥下的树皮放在清流急水中浸泡沤制数天，即通过浸泡和微生物发酵，去除皮料中溶于水的物质、果胶和部分色素以及半纤维素等。

(3)用脚踩踏去除纤维的外壳，使其纤维素中的羟基能更好地暴露出来，捞起后捆扎。

(4)放入蒸锅中蒸煮，有助于使原料中的油脂溶解，破坏天然色素，将单宁、蛋白质、淀粉等物质溶解。

(5)剥去其青皮层，再撕成细条状，较长的用刀切断，因为纤维长度大于10毫米后，容易产生絮聚现象。

(6)放入石灰水中，浸泡数月，使其完全浸透皮料，目的是增强发酵作用，促使纤维分散。

(7)放入蒸锅中进行二次蒸煮，使皮料中的木素、色素等杂质成为可溶性深色溶液，皮料也因其腐蚀变软。

(8)置入布袋中，放入清流急水中浸泡数天，用脚蹁掉灰水直至清澈。

(9)将皮料置入空池中日晒雨淋，以白色的程度为基准，目的是借助大气中臭氧的强烈氧化作用，使得木素及色素氧化，起到漂白的作用。

(10)用木杵将纸料捣成薄片浆团状，再用桐子壳灰、草木灰淋泡，目的是清除日晒时产生的氧化物。

(11)放置阴干半月，期间泼洒山涧水使其完全浸透。

（12）放入蒸锅中进行第三次蒸煮，再一次使其木素发生破坏降解，形成可溶性物质，进行进一步的提纯。

（13）再次放入急水中漂洗，冲走其中杂质。

（14）暴晒，再进行一次天然漂白。

（15）人工挑拣纸料中的结疤和瑕疵。

（16）把皮料用刀切断，捣碎成纸浆。

（17）装入布袋中，放置清流急水中冲洗，去除其中杂质。

（18）将纸料装入青石板或木制槽中用清水冲洗，使其自由均匀地悬浮在水中。

（19）成浆。

（20）将准备好的纸药加入浆液中，搅拌均匀，直至浆液澄清。

（21）按照纸张要求的幅面大小，购买很细的竹丝，用黄丝线织成帘床，四周用筐绷紧。

（22）大幅面纸张需 6 人同时抄造，小幅面需要两人，将帘放入水中搅转，使纤维均匀分布在帘上。

（23）将成纸放在火墙焙干。

（24）收纸。

成纸后，一般来说可以直接用作书写、印刷包装等方面。但如果用毛笔在纸上作画或写小楷时，容易发生走墨漏墨、洇彩现象，影响画作质量。这是由纸张的物理结构决定的，纸张纤维间存在许多孔隙和微细毛细管系统，因此必须将其堵住，才不会影响有些艺术创作[1]，因此需要对纸张进行加工处理。

古代最常用也最简便的方法就是用光滑的细石在纸张上按压摩擦，纤维间的孔隙和微细毛细管因物理机械力的原因被压扁，被称为砑光，现在一般称为抛光。也可以用粉浆将纸张稍作湿润，再用木棰反复锤捣，古代称为浆锤，用来堵塞纸张纤维间孔隙。但较为有效并且普遍使用的方式是对纸张进行施胶处理，可增加纸张对液体透过的阻抗能力。施胶分为纸内施胶和表面施胶两种。纸内施胶，即在抄纸前把胶料直接加入纸浆中，施胶种类较多，如将动物胶用水化开，再配以明矾作为沉淀剂，一起加入纸浆中搅匀，抄出的纸中胶料自然分布在纤维间的孔隙中，大大缓和了书写绘画过程中的走墨、洇彩现象。例如楮皮纸，在放大倍数为 500 时，可以明显地看到纤

---

① 张秉伦,方晓阳,樊嘉禄.造纸与印刷[M].郑州:大象出版社,2005:99.

维之间存在胶状物质。表面施胶,即用施胶剂涂于纸的单面或双面,以达到抗水性的目的。例如:生宣表面涂布胶矾水可以使墨和色不会洇散。"魏晋南北朝及隋唐时期用纸,大多使用淀粉糊作为表面施胶,宋代以后改用动物明胶和明矾。"经过施胶处理过的纸张称为熟纸,未处理的则为生纸。

在古代许多文人墨客不满足于纸张的外观美感,采用各种植物染料将其染为色笺。如唐代女校书薛涛氏,在纸中加入芙蓉花汁所制成的深红色小彩笺,在后世极为流传;还有唐代较为名贵的加工纸硬黄纸,成纸后染上黄蘗汁,使其呈现出天然的黄色,之后再在纸上均匀涂蜡,经过研光后,纸张表面光滑莹润,纸张强度较好,防水性也有所提升,古时也称之为蜡笺或彩色粉蜡笺。自唐代以后,加工纸种类繁多,各式加工方式层出不穷。

二、近现代手工楮皮造纸工艺

陕西省在古代曾是我国经济政治的一大中心,也是古代造纸的主要产地之一,据调查了解,这里生产褚皮纸有一千多年历史[①]。潘吉星先生于1965年9月对长安县丰惠乡贺家村手工褚皮纸实地考察工艺,其生产工艺流程大致概括如下:

(1)剥皮捆扎:每年春天和冬天对楮树各砍伐一次,剥皮后扎捆,冬天需要蒸煮后剥皮。

(2)水沤:皮料放入池中堆起,压上石块,加入井水沤洗,并加之人工反复踩踏,夏天需要沤制一昼夜,冬天则需两昼夜。

(3)水蒸:以柴草为燃料,加入草木灰,层叠铺至蒸锅中,蒸煮5至6小时,期间需添加开水。目的是去除皮料外层的黑壳。

(4)碾壳去皮:将蒸好的皮料放在畜力牵动的碾上碾压,目的是剔除其中的老皮、黑皮和黑壳残渣。

(5)浆灰:把石灰放入水中搅拌,直至冒泡后加入皮料均匀搅拌,拿出放在地上沤制一夜。

(6)灰蒸:将灰料放入蒸锅中,铺盖草木灰,再次蒸煮。目的是使其皮料纤维变得更加柔软。

(7)河沤:放入河水中冲洗,去除其灰份,放置其中过夜,次日放在草地日晒半天。

---

① 聂青,聂勋载.研究与开发我国韧皮纤维造纸原料的意义、概况与展望[J].湖北造纸,1999(03):5—7.

（8）碓料：用踏碓捣料，使其纤维分散。

（9）切幡：碓好后，已打制成的长条构穰料，俗称为"幡子"。用切幡刀将其切成小块。

（10）打槽：把皮料放入石桶中，加入清水搅拌成浆。隔夜进行捞纸，不加纸药。

（11）捞纸：捞纸前再进行一次打槽，使纤维均匀分布在浆液内，抄纸时增加纸领子，方便揭纸。

（12）压纸：将湿纸堆放在木榨上，压上石头，静置过夜。

（13）晒纸：将湿纸贴在各家户外的平滑石灰墙上，日光自然晒干，夏季需1～2个小时。

（14）收纸。

三、现代机械楮皮造纸工艺

中华人民共和国成立以后，造纸技术不断创新，从20世纪50年代初开始将小型机制纸生产设备如打浆机、漂白机、切纸机等引入手工纸生产中，并模拟其抄纸时的浆流原理，创造性地发明出有独创性的摇摆式半机械化抄纸机、侧流式圆网抄纸机和侧浪式长网造纸机，使皮纸的抄造实现了机械化[①]。同时在制浆中使用化学脱胶法用加助剂的碱法压力蒸煮。在漂白中使用简易的多段漂白来生产高纯度的纸浆；用电动锤料机代替人力碓打浆；用摇摆桶代替人工打槽。在20世纪80年代时使用化学合成的聚丙烯酰胺代替植物粘液作为纸药。王菊花先生于1958年在浙江地区进行实地考察，其生产工艺流程大致概括如下：

（1）备料：使用化学脱胶法对皮料进行刮皮、去表壳等，同时使用小型切料机将皮料切成片状，并使用框式筛皮机筛选后放入压力蒸煮器中进行蒸煮。节约了大量劳动力和皮料成本。

（2）蒸煮：自20世纪50年代开始，使用直火立式蒸煮锅，并实行压力喷放，蒸煮方式为硫酸盐法，即苛性钠和硫化钠为蒸煮机，并加入化学助剂水玻璃即硅酸钠，去除皮壳较厚韧皮结实的原料。

（3）洗料：洗料分为两个工序，一是清洗蒸煮后的皮料，将经过蒸煮后的熟皮用泵传送至疏解机进行疏解，之后经过脱水机脱水。脱水后把浆料再

---

① 王菊花.中国古代造纸工程技术史[M].太原：山西教育出版社，2005：460.

一次传送至第二道疏解机稀释疏解,再经第二道脱水机脱水,如此几道工序串联,把浆料洗净。第二道洗涤工序是洗涤打浆或漂白后的浆料,使用打浆机或者漂白机上的洗鼓进行洗涤。

(4)拣熟皮:拣熟皮的目的是在皮料在经过蒸煮以后,将其中大或硬的纤维束、皮丁、皮梗等杂质挑拣出,以保证纸张高洁净度的质量要求。此道工序仍然使用人工进行检查。

(5)漂白:民国以后浙江地区皮纸业开始使用漂白粉溶液漂白。1952年开始使用翼轮式漂白机,其中有两只洗鼓,分别在漂白前后进行洗涤工作,同时配备了一套可调节漂白设备,其中包括漂白粉溶解池、澄清池、贮存池和漂液泵等,改变了以往的手工操作方式。

(6)打浆:根据脚碓的原理,研制了以电动机为动力的"电榔头",利用锤体位差的自动式锤击捣饼。

(7)匀浆:将漂白、打浆后的浆料送入疏解机疏解,再放入匀浆机中加纸药均匀搅拌后,供抄纸使用。

(8)抄纸:20世纪50年代,机械抄纸机大力发展,根据手工纸打浪抄纸法的经验积累,由半机械化的摇摆式抄纸机到侧流式圆网抄纸机,再到侧浪式长纤维长网抄纸机相继研制成功,手工抄纸的劳动生产效率获得大幅度提升。

从造纸原理角度来看,近现代楮皮造纸工艺与古代工艺相比并没有发生变化,只是工序和用料以及漂白方式发生了改变。

首先,在其选料阶段,《楮书》中没有详细记载一年砍伐几次,楮树皮来源于湖广等地,而现代一年可以进行两次造纸,材料取自于周边地区。其次,蒸煮前的沤制工艺是采用了不同方法,古法将皮料放入清流急水中沤制数天后,用脚踩踏去其黑壳。而现代则放入池中加入井水沤制,相较而言古法活水沤制数天,发酵时间长,可以更好地冲洗掉可溶于水的物质和部分果胶、色素等,可能是因为现代周边环境所限制而改用池中沤制。而在蒸煮方面,古法采用了三次弱碱蒸煮工艺,采用石灰水和草木灰并用,增强发酵作用并使纤维分散,纤维变得更加柔软。现代则采用两次蒸煮方式,通过翻匀搅拌使石灰与皮料完全混合均匀代替了古法长时间石灰水浸泡,蒸煮时铺一层皮料撒一层石灰,更有效地增加其去杂以及漂白效果。都采用日晒方式,大气中的臭氧将其皮料中的杂质氧化后,放入河水中冲洗。再次,在碓料时采取不同的方式,古法使用木杵将纸料捣碎,现代则使用踏碓捣料,更加方便省力。最后,两种工艺最大的不同是在其抄纸和晒纸部分,古法抄纸时加入纸药作为悬浮剂,使其纤维均匀分散在纸浆中,揭纸时更加方便。而现代则使用两次打槽的方式,在抄纸前搅拌使纤维均匀分布在水槽中,抄纸时增加纸领子部分,此处纸浆浓度较大,成纸较厚,揭纸时不容易造成损坏。晒纸时古法使用火墙进行烘焙,现代工艺则采取石灰墙晒干。

总体来说,两种造纸工艺各有其优点,古法造纸蒸煮次数和漂白次数更多,纸张质量耐久性向以及白度等性能更好,对纤维自身损伤较小,但其效率太低,成纸需要花费几个月时间,耗时太久。而现代造纸工艺在原来的基础上简化了其步骤,采用更加有效的蒸煮方式和碓料方法,既保留了手工纸质地松软、耐久性强等特点,又增加了其成纸效率。

古代工艺与现代机械工艺的差别主要体现在蒸煮、漂白和打浆三个方面。在其备料阶段,古法工艺是将原料蒸煮后进行剥皮,之后放入活水中沤制数天,去除皮料中杂质,再进行蒸煮。而现代工艺则对皮料采用化学脱胶法后,放入筛皮机筛选之后送去蒸煮,取消了原来由大量女工进行剥皮、拣皮等操作,大大提升了劳动效率。蒸煮方式变化较大,古法蒸煮大都使用甑或蒸锅进行常压蒸煮,并且采用多次弱碱蒸煮,去其杂质。现代则采用加压直火立式蒸锅,加入硫酸盐和化学试剂,节约了劳动力,但其蒸煮不当会导致纤维素收受到破坏,影响纸张的物理性能和耐久性。洗料和拣皮阶段,古法洗料时放入清流急水中浸泡数天,并用脚踹其纤维外壳。现代工艺则采用疏解机和脱水机等几道工序串联清洗,拣皮阶段古今仍继续沿用人工进行挑拣的方式。漂白阶段,古法采用蒸煮时加入草木灰和石灰水,以及日晒雨淋等方式的结合达到漂白的作用,而现代工艺则使用漂白粉进行漂白,可控地调节纸张白度。打浆、匀浆阶段则由电动机为动力的电榔头替代古法人力脚碓的方式。匀浆时加入的纸药有明显的变化,古法加入猕猴桃藤、黄蜀葵等植物为纸药,而现代则加入聚丙烯酰胺作为纸药。抄纸阶段,古法人工打浪式抄纸法则被机械抄纸所代替,大大提升了生产效率。

四、现代机械造纸工艺

(一)造纸工艺

中华人民共和国成立以后,1804年长网造纸机的发明,使机械化造纸替代了手工造纸。造纸机造纸主要分为6个部分,依次对应手工造纸的各个部分。

(1)流浆箱:沿着纸机的横幅宽度均匀、稳定地分布浆料。

（2）网部：浆料通过真空吸水、刮刀以及重力等作用脱水形成湿纸页，加快其干燥速度。

（3）压榨部：用机械方法挤压湿纸页，提高纸张干度，改善纸张表面平滑度。

（4）干燥：将湿纸进行烘干处理，并使整个幅面水分均一，提高纸张强度。

（5）压光、卷曲：通过上下辊施加压力，以保证纸张达到需要的紧度。

制浆为造纸的第一步，植物造纸原料中的主要成分为纤维素，但还有一些其他化学成分，例如：木素、果胶质和色素等，造纸时纤维素含量越高则纸张质量越好，因此需要通过化学或者物理方法去除杂质。现代造纸工艺将木材变为纸浆主要有以下几种方法：

1）化学法制浆：加入化学药液进行蒸煮，高温条件下，纸料中的木素与化学药剂反应生成水溶性物质，并且使纤维分散分离开，主要分为碱法制浆和酸法制浆两类。碱法制浆：即加入石灰、烧碱、硫酸盐。酸法制浆：即加入亚硫酸盐。以化学法制浆得到的浆料能较大程度上保存纤维的原始长度，大部分木素得以去除，常用来生产高档用纸，但其纤维获得率较低，污染较大。之后进行洗涤（通过挤压、过滤等方法将废液从纸浆中分离出来）、筛选（通过使用振动筛、离心筛、锥形除渣器将制浆中的杂质分离去除）和漂白（分为氧化性漂白和还原性漂白两类。氧化性漂白：即加入二氧化氯、双氧水等，利用氧化剂去除残留在制浆中的残余木素和化学物质，特点是漂白度较高，稳定性好，持久性强。还原性漂白：加入连二亚硫酸钠、硼氢化钠等，利用其破坏纸浆中的发色基团，使纸浆变白，特点是脱不了木素，稳定性差，易泛黄）。

2）机械法制浆：用物理方法将植物原料分散成纤维，其过程中不使用任何化学药品，分为磨石磨木浆和木片磨木浆两类。

3）化学机械法制浆：即先用化学药剂处理植物原料，使其非纤维成分溶解掉，软化纤维，使纤维组织松散开，然后磨解成浆。

4）生物法制浆：用微生物或者酶先对植物原料进行处理，有选择性地分解原料中的木素、果胶等物质，减少碳水化合物的损失。降低磨浆时的能耗，减轻废水污染，提高纸张强度，目前主要采用白腐菌、漆酶等，但还处于研究阶段。

造纸原料成浆后还不能直接造纸，必须使用机械方法处理其浆料，利用物理机械剪切、摩擦等作用，使其分离成单个纤维，目的在于使纤维素润胀和细纤维化,增加纤维之间的接触面积以及纤维间的交织力[①],并且可以根据纸浆的特性和对纸张质量的要求,对纤维的形态和性质进行一定程度上的调整,使其更加符合预期的质量要求。因为在未处理前,原料中还有许多缠绕起来的纤维素,即使分散开的纤维也有光硬的外壳,纤维素内的羟基被束缚在内,不能充分暴露出来发挥其作用。为了抄出匀细而紧密的纸,还要把过长的纤维断裂和分丝,否则易使纸张疏松多孔、表面粗糙。而打浆的原理就是用机械力将纤维细胞壁和纤维束打碎,将过长纤维切短,提高纤维的可塑性和柔软性。经细化纤维之后,增大其比表面和游离的羟基数。纤维经打浆后表面产生很多绒毛,发生分丝,增加了比表面,使更多的极性羟基暴露出来,利于分子间形成氢键。打浆程度的好坏影响纸张的抗张强度、耐折度、平滑度、均匀性以及耐破强度。传统工艺以石碾、踏碓、水碓为打浆工具,借助人力、畜力和水力为动力,在18世纪出现打浆机前,这是最先进的打浆工具。

将分散的纤维在水槽内按比例配置以后,才可以开始抄纸。因为纤维不溶于水,在水中呈悬浮状态,为了保持纸浆的均匀性,只有靠不停地搅拌,但在抄纸时会导致有的地方浓度大,有的地方较为稀疏。为此,古人最初在其中加入淀粉糊,因为淀粉分子中有极性羟基,因而也能与造纸用纤维分子中的极性羟基之间产生氢键缔合,不仅可以以提高纸张的强度,增加了纸对水透过性的阻挠能力,并把纤维间的毛孔堵死,同时改善纤维在浆液中的悬浮状态[②]。后来又使用植物粘液放入纸浆中作为悬浮剂,例如:黄蜀葵、猕猴桃藤、杨桃藤等,对纤维悬浮状态有很大改善,"纸药"一词也随之而来。而现代则对纸张进行施胶处理,目的是改善纤维的表面能,根据纸张的使用需求,向浆料中加入不同胶料增强纸张性能。如:向纸浆中加入耐水性胶料或者在表面涂布,使其增加抗拒液体扩散和渗透的能力。还可以向纸张中加入适当的无机填料,用来改善其印刷性能、光学性能,节约成本等。

纸药水加入纸浆后,纸张纤维均匀分布在浆液中,才可用抄纸帘进行抄纸,首先将抄纸帘放在水槽上,之后将配置好的纸浆放在纸帘上,在水中不断摇晃抄纸帘,利用水的平衡性让纸浆贴合纸帘,均匀分布在整个纸帘上,将抄纸帘取出过滤水分后,形成湿纸层,纤维素分子通过水分子形成的水桥连接如图6-1所示,干燥去水后,分子间借氢键结合形成纸,最

---

① 潘吉星.中国造纸史[M].上海:上海人民出版社,2009:24.

② 潘吉星.中国造纸技术史稿[M].北京:文物出版社,1997:65.

后进行压榨、晒纸。

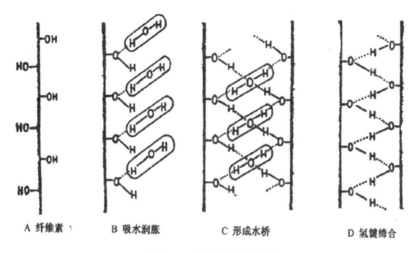

A 纤维素　　　　B 吸水润胀　　　　C 形成水桥　　　　D 氢键缔合

图 6-1　纤维成纸机理图

（二）手工造纸和机械造纸的工艺差异

总体来看,手工造纸和机械造纸在造纸原理方面没有不同,但其工艺工序变化较大,大致总结有以下几点不同:

（1）在原料的选取上,传统手工造纸主要选取天然植物类纤维如麻、皮、竹、草等,而机械造纸除了选取植物纤维外,还有金属纤维、化学合成纤维等新型原料。

（2）制浆方面:手工造纸从砍伐、剥皮到蒸煮、碓料全是以人力、畜力等方式完成,工序较为繁多,而机械造纸则从原料的处理到成纸,都可在机器上一次抄造完成。制浆方式由原来的纯手工变为现在化学制浆与物理制浆并用。手工造纸蒸煮工艺由多次弱碱蒸煮变为一次强碱蒸煮,漂白方式由原来的雨淋日晒变为化学药剂漂白。

（3）造纸方面:手工造纸打浆以石碾、踏碓、水碓等方式,而现在则采用机械打浆。抄纸时加入的纸药有很大的变化,手工造纸加入纸药主要有两个作用,即提高纤维悬浮性和防止揭纸时黏连。而机械造纸则加入胶料、填料等化学药品以保证其纸张性能。抄纸方式由人工竹帘摆动变为机械稳定投放。湿纸由原来火墙烘焙或日晒变为机械压榨烘干。

（4）成纸种类、面向市场有所不同,手工纸主要用在书写绘画、迷信用纸、古籍修复等领域。而机械纸则多用在印刷、商品包装、牛皮纸、瓦楞纸等领域。

第二节 传统楮皮纸的特性与制造技艺

一、传统楮皮纸的特性

在汉代,文献中关于用树皮造纸的记载最早见于《后汉书·蔡伦传》,三国魏人董巴《大汉舆服志》明确说蔡伦用榖皮造纸。其实在先秦时期人们对楮树就有所认识,《韩非子·喻老》记载:"宋人有为其君以象为楮叶者……乱之楮叶之中而不可别也。"魏晋南北朝时期,虽然文献记载东汉中期已造出楮皮纸,但由于未见早期遗存实物,总觉得可信度不高。以楮皮为代表的木本韧皮纤维纸在魏晋南北朝才有出土实物。东汉楮纸首先从黄河流域的中州地区发端,到魏晋南北朝时,随着晋室南渡及工匠南迁,造楮皮纸技术迅速传播到长江流域,再逐步转移到华南粤江一带。在北方也同样造楮皮纸,北朝农学家贾思勰所著《齐民要术》中有关于种植楮树和处理树皮方法的最早记录。隋唐五代时,由于文化教育和事业的兴盛,促进了雕版印刷的发展,纸的需求量日益增多,楮皮纸产量突然猛增,并且在质量上与麻纸争夺着主导地位。唐京兆僧人法藏在《华严经传记》卷五载僧人德元事迹。然后再用此楮皮纸敬写《华严经》。由此可见,僧人德元不但自行种楮,还自行造纸。北京图书馆藏隋开皇廿年写本《护国般若波罗蜜经》卷下用纸、唐开元六年道教写经《无上秘要》卷第五十二,敦煌石室发现的《金刚经》是唐代咸通九年采用雕版印刷的有图经卷,经化验均为楮皮纸。这些纸染成黄色,表面平滑,纤维细长,交织匀密,细帘条纹,表面打蜡处理,属于蜡笺之类。此时期楮皮纸颇为士人重视,楮纸作为唐代的国纸,已处于至高无上的尊位。五代南唐时出现了历史上最负盛名的以楮皮制造的澄心堂纸。宋元时期,麻纸开始逐步衰落,竹纸开始崛起,唐代盛极一时的藤纸逐步减产,元以后几乎消失,皮纸全面发展。造纸原料格局的演变把皮纸推上了至高无上的宝座,从此长盛不衰,直至今日。宋元画家创作设色写意、工笔绘画时,对画面材料的技术要求很高,逐渐改用皮纸,许多书法家尤其如此,绢素在绘画领域的绝对优势地位受到动摇。宋徽宗赵佶的《夏日诗》、法常的《水墨写生图》、米芾《苕溪诗》法帖等作品都是用楮皮纸创作。明清时期造纸仍以皮纸和竹纸为主,制皮纸原料有所增多,但制法和楮皮造纸大同小异。明永乐年间在江西西山置官局造高级楮皮纸。经潘吉星考定,《永乐大典》用纸为江西西山纸厂所造楮皮纸。至宣宗宣德年西山贡纸演变成宣德纸。泾县造纸的历史渊源可追溯至唐代,《新唐书·地理志》载宣州贡纸,而宣州辖泾县、南陵、宁国、当涂等县,州治在宣城。唐·张彦远《历代名画记》中云:"好事家宜置宣纸百幅,用法蜡之,以备摹写。古时好拓画,十得七八,不失神采笔踪。""宣纸"一名即导源于此。现在许多学者认为唐代宣州贡纸并非明清泾县所特产檀皮纸,更不可能是今天意义上的宣纸,而很可能是楮皮纸。潘吉星认为,明初泾县皮纸用料纯用青檀皮,后来因原料供应短缺便配入沙田稻草或楮皮,又可降低成本。其实明代宋应星《天工开物》就提到过楮皮中加入竹、麻、或稻秆造纸的配方。乾隆年《四库全书》写本所用泾县宣纸,今已出现点点黄斑,即因配有稻草所致。因而我们可推断,清代宣纸,尤其清末至今泾县纸实为混料纸,质量远不如前。纵观楮皮纸的发展历史,从楮皮进入纸工眼中的那一刻起,就注定要承载最佳造纸材质的重任,而楮皮纸也用时间和作品证明了自己存在的意义。

通过比较历代纸本书画作品、总结书画家实践经验可以发现,适宜书画的纸张应具备如下特点:质地柔韧匀密、柔而不软、硬而不脆、密如茧、色泽洁白莹亮、光涩程度适中、墨色光泽多彩。楮皮纸在众多纸类中集上述诸多优点于一身。楮皮纸绵软,纤维细长而发亮光,可抄成薄纸,表面洁白、平滑。唐冯承素所摹王羲之《兰亭序》神龙本用纸即为楮皮纸,此纸白色间浅灰色,表面平滑,似经砑光,纤维束少见,制作精良,是皮纸中的上乘。楮皮本身呈天然白色,与麻类纤维原色有很大不同,不经漂白也可抄成一定白度的纸,可见古人在原料选择上相当高明。楮皮纤维比麻纤维相对短而细,容易交织成均匀而紧密的纸,也易于舂细成更短的纤维。它与麻纸一样抗蛀、坚韧。但麻纤维细胞壁较厚,又很长,不易舂得更短,不易作成薄纸,纸质疏松、多孔、表面粗糙。西晋陆机《平复帖》即为麻纸书写。《宣和画谱》卷一陆探微条附其二子:"二子绥洪、绥肃……尝于麻纸画释迦像,为时所珍。盖麻纸缓肤饮墨,不受推笔,亦丹青家所难,宜得誉云。"由此看出麻纸与楮皮纸相比,表面粗糙硬涩,运笔不方便,且不太受墨。与竹纸相比,楮皮纸韧性更强,而竹纸纸性较脆。竹纤维粗短,舂捣后长度更小,虽然两端也可帚化,可拉力强度小。另外,木素含量太高,不易去除。米芾《珊瑚帖》是迄今发现最早的竹纸书写作品,纸质薄脆。楮皮纤维比竹纤维细长,打浆后两端分丝帚化好,成纸时组织紧密,拉力强度大。与草类纤维纸相比,楮皮纸不易受潮,持久不会变质。草类属短纤维,木素含量高,组织比较疏松,纸的寿命短,强度太小。

楮皮纤维细长,便于二次加工,所以有"败楮遗墨人争宝,广都市上有余荣"的赞美。隋唐五代时楮皮纸特别受文人青睐,人们将其人格化,予以各种美称。后来人们甚至以"楮"字代替"纸"字用,不仅如此,唐代文嵩将其尊为"好畤侯",将楮皮纸比作一位伟人,取名楮知白,而为之立传,用楮皮造纸从汉代就开始了。

二、传统楮皮纸的制造技艺

中国传统的造纸技术在中华民族几千年的历史过程中、在实践和创新中不断摸索,最后形成一种成熟的工艺,这是一种具有历史、地区和民族特色的工艺。现代发展模式从农业社会到工业社会的"标准化"和"大众化"技艺模式的转变是必然的趋势,而在农业社会上存在的传统工艺的土壤是基于农耕文化的农业社会,因此,传统的具有"多样性"和"小"的特征,不同性质和特点的两种技艺方式将带来巨大的矛盾和冲突,在整个中国迅速向现代化发展的背景下,保护传统造纸工艺面临着巨大的挑战。

所谓"技艺性保护"是指在不歪曲自然进化趋势的前提下,在社会财富保护的技艺活动中,传统的工艺和传统的手工技艺模式之间具有非常紧密的联系。在努力不违背法律和自身作品的情况下进行手工技艺。工业机械技艺具有很强的排外性,超越自然的力量是一种改造自然技艺方式的工具,而传统工艺是劳动者自身的力量和人格,工艺的主体是劳动者本身,作为自然的一部分,也就是使用一种自然的力量来创造物质的生活。

然而,中国传统造纸技术在现代机械造纸技术方面也具有无与伦比的优势,在过去两年中,文化界逐渐开始对材料载体的文化遗产的讨论。中国传统文化持续几千年,纸张在材料载体上扮演重要的角色,作为跨越时间和空间的信息传输的工具,在人类的历史中,纸张的质量直接决定了信息传输的准确性和完整性,不同时期的纸面对测试有着不同的技艺方法。

在现代技艺的具体实践中,工艺将面临新问题,不断产生新的思路,提高其技术,最终对传统工艺进行改进。在现代工业社会中传统的工艺正在逐渐变型,当然,这种变化应在符合历史发展规律的前提下进行缓慢的进步,外部因素的任何严重干扰都将使这种变化具有负面影响。通过不断解决新问题,工匠可以为现代社会提供物质财富,通过自己的劳动,他们可以满足各种需求,包括内在的满足感和自豪感。

为了改变北方张村的传统造纸技术的保护和发展,就要通过有效的方式来达到目的。在现代社会中,北方的人工造纸仍然具有实用价值,而且它具有高水平的使用价值,也可以感受到传统的中国造纸技术对未来的保护是光明的。通过不断探索传统造纸技术的文化内涵,结合现代社会绿色环保和人文精神的理念,突出了时代的价值和精神。其中,涉及一系列的问题,例如,手工艺的组织和操作、手工业的承继者的合作保护、工业政策的相应倾向、技术的改进和发展等等,只有通过协调这些问题才能真正实现对传统造纸技术的保护。

第三节　传统楮皮纸的艺术价值

非物质文化遗产的价值就是非物质文化遗产对人类具有重要功能和作用,它存在于非物质文化遗产本身和人类的相互关系中。作为活态历史、文化活化石和多种学科的研究对象,非物质文化遗产具有多方面的重要价值,不是单一、静止而是多样、动态、系统的价值体系。

北张村位于我国古都西安市长安区兴隆乡,是我国"楮皮造纸术"的发源地①。据考证,北张村手工造纸起源于西汉时期,相传是由蔡伦后人传承而来,北张村人至今仍在沿用的就是蔡伦发明的用植物纤维为原料的造纸法。北张村自古以来人多地少,手工造纸在很长的历史时期里都是当地村民生活的主要来源。"仓颉字,雷公瓦,沣出纸,水漂帘。"流传下来的北张村民谣,成为沣河一带造纸历史悠久的有力佐证。

北张村古法造纸延续千年,一直是北张村人民的谋生途径和经济支撑,是北张村劳动人民智慧和村落文化的体现,它在每个时期都发挥了不同的价值。主要体现在以下几个方面:

一、历史价值

非物质文化遗产承载着丰富的历史,是过去时代流传下来的历史财富,我们可以从中活态地认识、了解历史。北张村的手工造纸也不例外,它产生于特定的历史条件,带有特定的历史特点。通过对北张村手工造纸制作过程和工艺的了解,我们可以了解到北张村造纸在特定的历史时期产生的作用,也了解了当时的生产力水平、生活方式、社会关系等,这些都是历史的组成部分。经过数千年的传承也彰显了北张村手工造纸的强大生命力和深厚的历史文化。

---

① 李彬.长尾理论对电视节目的启发[J].中国电视,2018(3):90.

二、精神文化价值

北张村以前几乎家家户户都造纸,这种手工造纸是北张村宝贵的文化财富,它反映了北张村的文化特色。经过历史的发展,显示了北张村纸文化的历史价值。

通过世代传承,延续了该地区特有的一脉相承的生活态度和社会行为,也形成了特有的精神传承。这些在同一环境下形成的民族精神,是世代相传沉积下来的民族思想精髓,它增强了该地区的群体意识、群体精神。

三、科学价值

非物质文化遗产作为历史的产物,是对历史上不同时代生产力发展状况、科学技术程度、人类创造能力和认识水平的原生态的保留和反映。北张村手工造纸工艺从它的选料、制作整个工艺流程完全是手工制作完成,在造纸过程中没有加入任何纸料,却能进行分张。这种古老的造纸工艺工具也是人们自己制作,但是操作工序复杂,出一张成品需要十余道工序,反映了劳动人们的智慧和创造力,也反映了北张村的手工造纸工艺具有很高的科学价值。通过对造纸工艺的传承,为后人提供了极其丰富的史料和极具学术价值的资料。

四、社会和谐价值

联合国教科文组织在《保护非物质文化遗产公约》中也特别强调了非物质文化遗产促进和谐的价值与作用,认为"非物质文化遗产是连接人与人之间的关系以及他们之间进行交流和了解的要素"。所以对保护非物质文化遗产的过程中,可以促进人与自然、人与人、人与社会的和谐。在北张村造纸的过程中,有些工艺流程有特定的分工,如贴纸都是由家中妇女负责,一般都在自家的建筑外立面晒纸,有时自家的墙面贴满了,得去邻居家的墙面上贴,这样有助于村内人与人的交流与和谐相处。

五、经济价值

在现代批量生产的冲击下,传统的手工造纸受到严重的挤压,处于消亡的边缘。国家针对这种现象提出"保护为主,抢救第一,合理利用,传承发展"的非物质文化遗产的保护工作方针,在保护和抢救的基础上,对非物质文化遗产中的经济资源加以合理开发与利用。将非物质文化遗产的文化资源转化为现实经济发展、转化为文化生产力、带来经济效益,才会给非物质文化遗产带来持久、有深厚基础的传承。对非物质文化遗产,既要保护又要发展,以保护带动发展,以发展促进保护。北张村褚皮纸现在纸匠们一年几乎生产一两回,有人需求才生产,不然就会生产过剩,闲置在家,无人问津。所以村中年轻人认为传承手工造纸技艺收入低,而且市场效益不主高,都不愿意从事。北张村手工造纸其本身已经具有一定的经济价值,如果再对其合理开发,使传统文化在现代社会中焕发生机,寻找到新的生长点和发展点,这样它的传承和发展才会有新的突破。

六、教育价值

在现代化、工业化乃至信息化的作用下,人们的生产方式、生活方式、生存环境发生了重大的变化,人类社会由农业社会、工业社会进入后工业社会、信息社会。在现代机器面前,手工的生产工艺失去了存在的条件。如果不给予特别关注、不刻意进行教育,就要失传。北张村手工造纸已有千年历史,含有大量的历史文化知识和科学知识。在现代社会中这样的古法造纸所剩无几,我们也只能在书上看到对其的描述,通过非物质文化教育,使其能真实地展现在人们面前。2008 年 6 月,陕西北张村楮皮纸制作技艺被确定为西安市第一批非物质文化遗产以及第二批国家级非物质文化遗产。张逢学带着这项技艺参加了奥运会“中国故事”文化展演活动。2009 年,张逢学被推选为北张村楮皮纸抄制技艺项目国家级代表性传承人,还赴台参加中华非物质文化遗产大展及论坛。非物质文化保护项目的确立,对提高中华民族的自豪感、坚定民族自信心有着巨大的推动作用。①

第四节　传统楮皮纸抄制技艺传承
和创新发展的路径和方法

一、建立长效的发展机制

政府在陕西北张村楮皮纸制作技艺创新发展中要发挥宏观规划、政策

---

① 巩吕.乡村振兴战略下乡村特色文化产业类型及发展对策[J].乡村科技,2021(3):11−12.

制定、专人负责、监督管理、宣传引导以及传承人的选拔和培养的职能作用，全方位建立长效发展机制。政府要牢固树立全局谋划、全方位推进、全时空统筹、全要素配套、全产业联动、全社会参与的乡村文化产业发展观，通过宏观政策引导、优惠政策扶持、配套政策制定等，着力聚焦楮皮纸制作技艺创新发展，为乡村文化产业发展保驾护航。

二、形成完整的产业链

（一）建立文化品牌

1.创新开发楮皮纸的用途

受机器造纸的影响，现在人们写字作画大多使用宣纸，对手工造纸的需求变少，也加速了北张村楮皮纸的逐渐消亡。要想使这一非遗技艺得到产业化发展必须创新开发楮皮纸的用途。根据手工纸韧性好、耐保存的特点可以开发手工纸作产品的包装，这样使产品赋予文化内涵，增加了品牌的形象。如西京学院设计艺术学院在包装设计教学过程中就引导学生创新开发楮皮纸的用途，将楮皮纸应用在产品的包装中，如图 6-2、图 6-3 所示学生的包装设计作品。这就要求设计工作者具有发扬中国传统文化的精神，结合各种技术不断开发手工楮皮纸的用途。

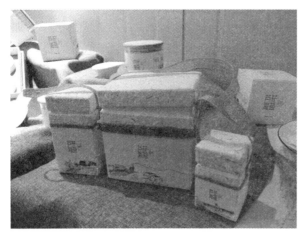

图 6-2　西京学院学生陈宇作品《"芦花海盐"产品包装设计》

2.增加衍生品设计

北张村楮皮纸制作技艺被列入国家非物质文化遗产保护项目具有极大的开发潜力,要进行合理的开发利用才能最大限度地发挥其文化的功能。在全国其他地区古法造纸术的转型发展中,最贴近时代潮流并且能与经济效益相挂钩的便是和造纸术相关的周边。根据北张村楮皮纸造纸的特点,可以制作一些文创衍生产品。可设计的文创产品种类较多,可利用纸作为材料,结合一些其他零件或工艺来生产,主要有扇子、灯具、手账本、手提袋、明信片、书签、屏风等。文创产品的设计要与时代的潮流相契合,符合大众的审美,这样的产品才能带动乡村文化产业的发展,同时又能带动区域经济的发展。[①]

图6-3 西京学院学生李佩瑶作品《"有机地球"手工皂包装设计》

(二)鼓励民间企业和资本的投入

政府在北张村楮皮纸制作技艺产业化发展过程中更多的是从宏观政策方面入手在其产业化发展中进行顶层设计和引导。应鼓励民间资本支持北张村楮皮纸制作技艺,代表性传承人开展传统技艺与题材的创新和发展,推动手工造纸产品的功能转型和审美价值提升。鼓励民间资本支持手工造纸技艺展示、产品销售等活动,宣传非物质文化遗产及其产品的文化内涵和审美价值。鼓励民间资本通过设立公益性基金等方式参与北张村楮皮纸制作技艺保护,如对代表性传承人及学艺者予以资助等。民间企业和资本有成功市场经验和市场运作能力,可以使北张村楮皮纸制作技艺更好进行产业化发展。

(三)依托大唐不夜城,打造非遗文化一条街

北张村楮皮纸制作技艺的传承保护和赋能乡村文化发展应该与相关的

---

① 鞠月,马早升.非遗技艺赋能乡村文化产业发展研究——以陕西省北张村楮皮纸非遗制作技艺为例[J].乡村科技,2022(01):9—11.

产业融为一体,比如旅游业等。陕西省是非遗文化大省,拥有非物质文化遗产项目多达几百项。西安是中国十三朝历史古都、历史文化名城,是旅游的热门城市,大唐不夜城更是热门的网红旅游打卡地。利用大唐不夜城的知名度,西安市政府部门可以主导策划依托大唐不夜城,筛选一些具有参与感、体验感强的非遗项目,打造非遗文化一条街。北张村楮皮纸制作技艺就是体验感非常强的非遗项目,能够增加旅游者的文化体验,带动经济发展,同时传承发展传统文化。

三、提高文化服务功能

提高北张村楮皮纸制作技艺文化服务功能,可以在村中建设一个包括造纸工具展览,以及整个造纸流程演示的展览馆,作为旅游景点和爱国主义教育基地。提高其文化服务功能,也可以考虑将其纳入相关高校的教育中,重新评估非遗技艺的价值,由教育结构变化来传承传统工艺,这样可以更有效地进行乡村文化建设。高校的设计类专业是促进非遗技艺创新发展的重要力量,合理规划课程体系,这样可以系统地引导学生学习非遗技艺,理解非遗技艺中所包含的世代相传的技艺,让学生感受"工匠精神"。例如,西京学院设计艺术学院将北张村楮皮纸制作技艺纳入了研究生的艺术考察课程、本科生的丝网印刷设计课程,通过对楮皮纸制作技艺的充分了解,使学生对中国的传统文化有了重新的认识,提高了民族自豪感,同时引导学生结合当下流行趋势进行创意设计,提高学生的创新意识和思维,如图 6-4、图6-5 所示。

图 6-4　非遗传承人张逢学为学生讲解造纸工艺

图 6-5 学生用手工纸完成作业

四、充分利用互联网多媒体，加大宣传力度

第 49 次《中国互联网络发展状况统计报告》显示，截至 2021 年 12 月，我国网民规模达 10.32 亿，较 2020 年 12 月增长 4296 万，互联网普及率达 73.0%。如此庞大的用户群体使互联网成为宣传的重要媒体。北张村需要统筹规划利用互联网加大楮皮纸制作技艺的宣传，组建自媒体宣传团队，利用公众号、抖音、快手等媒体，及时更新动态，加大宣传力度，提高北张村的知名度。

第五节 以楮皮纸为载体进行创新应用设计研究

一、楮皮纸文化创意产品设计思路

利用北张村楮皮纸非遗制作技艺元素进行文化创意产品设计是北张村楮皮纸非遗制作技艺传承和发展的有效途径。文化创意产品是通过对原生态文化产品的深度理解为主导，将设计师对原生文化艺术品的理解和创意结合后发展起来的一种新型的文化产品。文化创意产品通过物化手段来表达特定文化内涵的特色文化产品，是对文化资源、文化用品进行创造与提升，反映了一座城市的创新水平，更彰显了城市的历史文化底蕴。

(一)楮皮纸文化创意产品设计调研

为了掌握西安地区文化创意产品需求现状,了解西安地区文化创意产品在消费者心目中的满意状况,课题组对西安地区文化创意产品需求进行了调研。本次调研主要采取电子问卷调查形式进行。收回有效问卷 213份。访问对象为企事业工作者、工商个体、自由职业者、在校学生、退休人员等;男性 78 人,占比 36.6%,女性 135 人,占比 63.4%,如图 6-6 所示。调查显示 4.23% 的人完全不了解非物质文化遗产的概念,如图 6-7 所示;46.95% 的人没有听过陕西省楮皮纸非遗制作技艺,如图 6-8 所示;调查者中 53.05% 的人对陕西省楮皮纸非遗制作技艺的发展历史感兴趣,70.89%的人对制作工艺感兴趣,35.21% 的人想了解传承人,有 57.75% 的人想了解楮皮纸纸张,如图 6-9 所示;调查显示仅有 10.33% 的人购买过手工楮皮纸,其中多为美术专业学生,如图 6-10 所示;调查者中 81.22% 的人愿意了解楮皮纸非遗制作技艺,如图 6-11 所示;82.63% 的调查者可能会购买楮皮纸非遗制作技艺主题的文化创意产品,如图 6-12 所示。从调查数据显示楮皮纸非遗制作还不能被大众熟知,但是作为优秀的中国非物质文化人们是很愿意去了解的,并且也会有意愿去购买相关的文化创意产品,这就使我们的产品设计具有一定的现实意义。

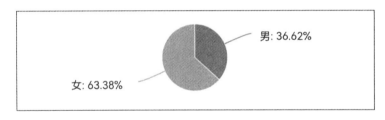

图 6-6

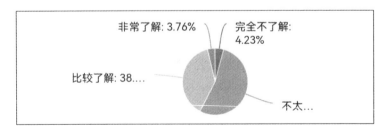

图 6-7

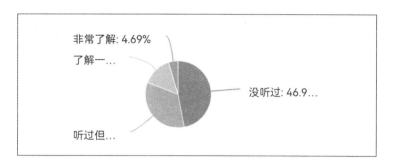

图 6-8

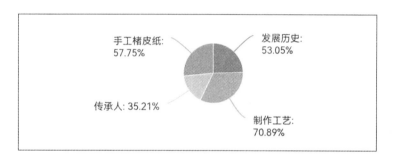

图 6-9

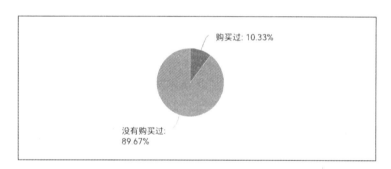

图 6-10

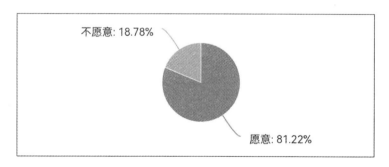

图 6-11

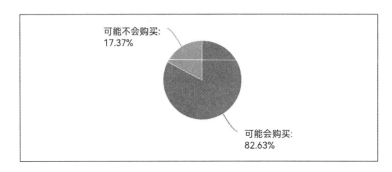

图 6-12

(二)文化创意产品概述

文化创意产品的设计是以文化、创意理念为设计核心思想,不是文物或主题文化的简单复制或者模仿。文化是文化创意产品设计中最重要的元素,顾名思义就是将文化作为基础性的元素,用创意的思维对文化元素加以设计和研发。相较于普通产品,文化创意产品更加注重产品的历史文化属性。文化创意产品是源于文化主题经由设计师的创意转化,并具备一定市场价值。设计师以文化为依托,通过设计,让产品具有文化属性,让人们得到精神共鸣,满足文化爱好者对产品的需求。如果产品开发没有经过深入的市场调研,当然其传播效果是有限的。从另一个角度来看,传统文化是具有历史和文化价值的,这种文化价值应该服务于社会,滋养我们当下的生活。目前市场上的文化创意产品大概分为两种,一种是"文化主题＋产品载体＋创意转化"三者结合的物质化产品,以特定的文化主题和相应的产品作为载体进行创意设计融合。这类文化创意产品其价值核心在于其体现的文化创意主题内容与产品载体的创意融合。文化创意产品设计时通常从产品本身特性出发,根据产品特性设计文化主题内容的融合。另一种文化创意产品在设计时凝练出"文化主题",将"文化主题"内容通过印刷、雕刻等工艺融合在产品载体表面上,这种结果结合应用方式不改变产品载体原来的结构特点。

二、楮皮纸文化创意产品设计方案

(一)主题确定

在现代设计中,许多的传统文化元素被利用起来,使中华文化大放异彩。为了使楮皮纸非遗制作技艺得到有效传承,也为了使其在文创市场占据一席之地,我们应当对楮皮纸非遗制作技艺传统文化与现代文化创意产业充分融合,对其进行充分利用,进行系列文化创意产品设计,赋予其新的历史价值。西安是一个旅游城市,旅游业发展越来越快,旅游纪念品也得到了很快的发展,但文化创意的衍生品作为一种旅游纪念品现在还没有突出地域和文化特色。

通过对楮皮纸非遗制作技艺调研,结合楮皮纸非遗制作技艺的研究,以独具特色的楮皮纸非遗制作技艺主题元素为有效灵感元素,进行"匠"系列文化创意衍生品设计,塑造"匠"文创品牌,达到传承和发扬中国传统文化的目的。创作思路是凝练出"文化主题",将"文化主题"内容通过印刷、雕刻等工艺融合在产品载体表面上,设计出独具楮皮纸非遗制作技艺文化特色的文化创意产品。系列文化创意衍生品总的设计思路以唐代人物特点为原型,主要以插画的形式展现,颜色搭配提取的是传统中国画的色彩,插画整体偏中国风。画面元素根据褚皮纸制作工艺流程,13幅插画相互搭配、风格统一,成为一个整体。

(二)方案草图绘制

本设计前期绘制了草图,主要包括:取材、浸泡、煮制、去杂质、捣浆、打浆、抄纸、夏晒、冬烤、打磨、起纸……画面元素根据褚皮纸制作流程为主,人物以唐代仕女为原型加以古代建筑、家具等以及云纹、山等自然元素为辅助,制作插画以十二月的顺序为大背景,插画成稿展示如图6-13至图6-17所示。

图6-13

图 6-14

图 6-15

图 6-16

图 6-17

（三）"匠"系列文化创意产品品牌视觉形象设计

1."匠"系列文化创意产品品牌标志设计

根据楮皮纸非遗制作技艺的产品特点和工艺特点，结合总体的设计思路进行品牌标志的设计，印章在我国古代通常是文人墨客常用之物，往往用于书画之上。将印章与"匠"字进行结合可以很好地突出本次设计的主题"楮皮纸"的特质，如图 6-18 所示。

图 6-18　品牌标志

2."匠"系列文化创意产品品牌宣传海报设计

此次招贴共三张，用邮票效果将楮皮纸的制作流程包含在内，以简洁的方式呈现在人们的面前。如图 6-19、图 6-20 所示。

（四）"匠"系列文化创意产品设计

1.玩偶设计

以楮皮纸制作流程：取材、原料浸泡、煮制、去除杂质、捣浆、打浆、抄纸、夏晒冬烤、打磨纸张、起纸等十项工序为灵感来源。据记载，楮皮纸在唐朝时期最为兴盛，因此玩偶采用唐代仕女为原型进行创作，创作了 11 个卡通玩偶形象，如图 6-21 所示。本设计稿人物符合唐代人物形象，可以很好地突出楮皮纸制作的工艺流程、产品效果图，如图 6-22 所示。

图 6-19　品牌宣传海报

图 6-20　品牌宣传海报

2.日历、邮票设计

　　以褚皮纸的制作流程为原型进行的插画设计,插画设计根据四季的变化,其背景也发生了变化,不同的月份有不同的象征物,如灯笼、墨竹、牡丹、银杏、柿子等。这12幅插画制作而成的日历,以插画的主色调为主对不同月份的色调进行排版,如图 6-23 所示,产品效果图如图 6-24 所示。

图 6-21　文创产品设计——玩偶设计

图 6-22　玩偶设计产品效果图

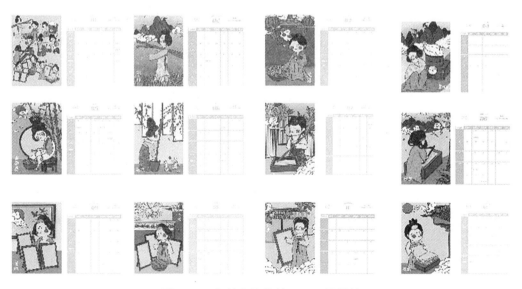

图 6-23　文创产品设计——日历设计

图 6-24　日历设计产品效果图

邮票在小小的空间中记录了历史、人文等，邮票常有着寄托、传递之意，将邮票作为产品设计的主体，实际上是象征着链接古今的桥梁，如图 6-25 所示。

图 6-25　文创产品设计——邮票设计

3.灯具、包设计

灯具和包包在当下社会是人类日常生活中不可缺失的物品。二者在如今的文创行业中有着较为广阔的市场。因此在本次"匠"文化创意衍生品设计中设计了灯具和包包。

用褚皮纸的原材料树皮做成的麻绳制作成包包，把材质融合到产品中才是文创产品的意义所在，如图 6-26 所示。

　　以纸作为媒介制作的灯具可以很好地突出"匠"文化创意衍生品设计的主题和楮皮纸的特色,书型灯具以书为原型进行设计突出书本的特性同时也可以凸显出书本的材质,产品效果图,如图 6-27 所示,球型灯具产品效果图如图 6-28 所示。

图 6-26　文创产品设计——包包设计

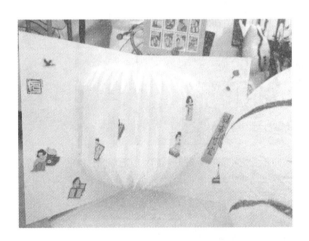

图 6-27　文创产品设计——书灯设计

4.办公学习类产品设计

　　明信片、信封、本子、贴纸等纸制品主要针对学生和办公群体。这类纸制品材质正好符合本次"匠"文化创意衍生品设计。书签做成了金属材质,这样可以使其在长时间的使用中防止损坏。不论是作为私人收藏、个人使用还是作为送人的礼品都是一种不错的选择,产品效果图如图 6-29 所示。

图 6-28　文创产品设计——球灯设计

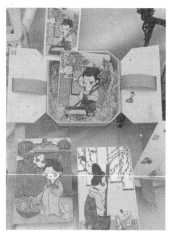

图 6-29　文创产品设计——办公产品设计

5.日常生活用品类产品设计

"匠"文化创意衍生品设计的日常生活用品类产品主要有拼图、折叠镜、花草纸等。折叠镜作为日常生活中会普遍用到的产品,便宜且实用,同时折叠镜还可以提高人们生活的质量。将设计的插画做成折叠镜,可以提高文创产品的使用率,如图6-30所示。用楮皮纸制作工艺所做的花草纸可以当作装饰画挂在家中,同时又可以在日常生活中使用,当作普通用纸或花笺进行书写,如图6-31所示。

图 6-30　文创产品设计——折叠镜设计

图 6-31　文创产品设计——花草纸设计

拼图既可以提高孩子的动手能力,同时也可以开发孩子的智力,是一款更加适合孩子的益智类玩具,此外拼图同样也可以在家中充当装饰画。拼图采用纸制材料进行制作,可以保护孩子在使用时的安全。拼图外框采用原木相框和亚克力材质,挂在墙上当装饰品时整体轻薄且易于使用,亚克力材质也不会像玻璃制品容易碎,安全性较高。拼图选用的是整幅流程图,可以更好地展示出褚皮纸制作工艺流程,如图 6-32 所示。

图 6-32 文创产品设计——拼图设计

在本次设计中主要以褚皮纸的制作工艺流程为基础加以插画的设计手法,构成整个系列插画。在文化创意产品设计上,主要分为文化创意产品设计、办公、学习类产品设计,日常生活用品类产品设计。整个系列文创产品美观、实用且符合"匠"文化创意衍生品设计的属性。

整套插画设计的风格统一,无论是颜色还是风格上都较为生动形象,体现出了褚皮纸制作流程的文化特征,如图 6-33 所示。

乡村文化产业是国家软实力的一项重要表现,"提高国家文化软实力",这不仅是我国文化建设的一个战略重点,也是我国建设和谐世界战略思想的重要组成部分,更是实现中华民族伟大复兴的重要前提。

陕西有着丰富而优秀的传统文化,能否得以延续传承并助力乡村文化产业发展取决于我们如何利用。褚皮纸制作技艺既是一种制作技艺,同时它蕴含了中华民族丰厚的纸文化,是我们要传承和创新发展的优秀传统文化。其传承和发展依托于现代创意产业,要强化创新意识,加强与现代创意产业的融合发展。文化创意产品的设计是其传承和发展的有效途径之一。

文化创意产品的设计要与时代同步,设计符合人们文化认知和审美的产品。课题组通过调查,设计出了一系列乖萌可爱、符合现代年轻人审美的"匠"系列文化创意产品。希望通过产品的流通为陕西的非物质文化遗产的传承和发展贡献课题组的一点微薄力量。同时有利于加强陕西文化建设,彰显文化魅力,提升文化品质,同时加强中华民族的文化自信,为继承和弘扬中华民族优秀传统文化,推动社会主义先进文化建设做出微薄贡献。

图 6-33　设计整体实物展示

参考文献

[1]王燕.现代化进程中的非物质文化遗产与保护[M].北京:文化艺术出版社,2018.

[2]向云驹.非物质文化遗产的若干哲学问题及其他[M].北京:文化艺术出版社,2017.

[3]苑利,顾军.非物质文化遗产保护前沿话题[M].北京:文化艺术出版社,2017.

[4]邹珺.民族非物质文化遗产保护与传承[M].长春:吉林大学出版社,2016.

[5]阙全安.非物质文化遗产保护的实践与思考[M].福州:福建科学技术出版社,2016.

[6]宋俊华,王开桃.非物质文化遗产保护研究[M].广州:中山大学出版社,2013.

[7]乌丙安.非物质文化遗产保护理论与方法[M].北京:文化艺术出版社,2010.

[8]湖北大学高等人文研究院,江畅,孙伟平,等.中国文化发展报告(2014)[M].北京:社会科学文献出版社,2015.

[9]徐华龙.非物质文化遗产与民俗[M].杭州:杭州出版社,2012.

[10]浙江省政协文史资料委员会.我与"非遗"的故事[M].北京:中国社会科学出版社,2012.

[11]赵辰昕.唱响:非物质文化遗产保护专家访谈录[M].北京:中国发展出版社,2012.

[12]姜振寰.技术史理论与传统工艺[M].北京:中国科学技术出版社,2012.

[13]于海广.中国的世界非物质文化遗产[M].济南:山东画报出版社,2011.

[14]向云驹.草根遗产的田野思想[M].北京:中华书局,2011

[15][日]柳宗悦著;石建中,张鲁译.民艺四十年[M].桂林:广西师范

大学出版社,2011.

[16]王丕琢,张士闪.非物质文化遗产知识读本[M].青岛:青岛出版社,2010.

[17]潘吉星.中国造纸史[M].上海:上海人民出版社,2009.

[18]陈少峰.文化产业读本[M].北京:金城出版社,2009.

[19]石杰,司志浩.文化创意产业概论[M].北京:海洋出版社,2008.

[20]司马云杰.文化社会学[M].太原:山西教育出版社,2007.

[21]中国艺术研究院中国民族民间文化保护工程国家中心.中国民族民间文化保护工程普查工作手册[M].北京:文化艺术出版社,2005.

[22]马谋超等.品牌科学化研究[M].北京:中国市场出版社,2005.

[23]李晓岑,朱霞.云南民族民间工艺技术[M].北京:中国书籍出版社,2005.

[24]王菊花.中国古代造纸工程技术史[M].太原:山西教育出版社,2005.

[25]张秉伦,方晓阳,樊嘉禄.造纸与印刷[M].郑州:大象出版社,2005.

[26]刘红婴,王健民.世界遗产概论[M].北京:中国旅游出版社,2003.

[27][美]圣·胡安著;肖文燕编译.全球化时代的多元文化主义症结[M].桂林:广西师范大学出版社,2003.

[28][德]赖纳·特茨拉夫著;吴志成,韦苏等译.全球化压力下的世界文化[M].南昌:江西人民出版社,2001.

[29]杭间.中国工艺美学思想史[M].太原:北岳文艺出版社,1994.

[30]马早升,鞠月.文化创意视域下非遗传承在艺术类院校的实践路径研究——陕西省北张村楮皮纸非遗技艺进课堂的可行性[J].造纸信息,2021(12):91-93.

[31][德]格罗塞著;蔡慕晖译.艺术的起源[M].北京:商务印书馆,1984.

[32][苏]米海伊尔·里夫希茨著;曹葆华译.马克思恩格斯论艺术(第1卷)[M].北京:中国社会科学出版社,1982.

[33]吕品田.中国传统工艺思想略论[J].中华手工,2018(04):100-103.

[34]李晓岑,朱霞.传统工艺与中国品牌[J].自然辩证法研究,2017

(2):74-80.

[35]许婷婷,于富业.中国传统工艺的传承特点及其影响研究[J].重庆文理学院学报(社会科学版),2014,33(04):11-16.

[36]张红灵.数字图书馆建设中的非物质文化遗产数字化保护[J].四川大学学报(哲学社会科学版),2008(1):123-125.

[37]胡惠林.构建和谐世界与中国文化产业发展战略[J].社会科学,2008(06):166-177+192

[38]高梧.非物质文化遗产保护中的"活态保护"[J].绵阳师范学院学报,2007(7):127-130.

[39]方李莉.非物质文化遗产保护的深层社会背景——贵州梭嘎生态博物馆的研究与思考[J].民族艺术,2007(04):6-20.

[40]乌丙安.带徒传艺:保护民间艺术遗产的关键[J].美术观察,2007(11):8-9.

[41]黄涛.论非物质文化遗产的情境保护[J].中国人民大学学报,2006(5):67-72.

[42]张友臣.关于我国文化产业人才培养的忧思[J].东岳论丛,2006(02):71-74.

[43]刘金丽.论"非物质文化遗产"及其保护与传承[J].山东教育学院学报,2006(01):89-91.

[44]苑利.文化遗产与文化遗产学解读[J].江西社会科学,2005(3):127-135.

[45]王彦达,魏丽,马兵.民族文化的现代化是少数民族文化传承的趋势[J].满族研究,2005(2):30.

[46]刘魁立.培育根基、守护灵魂——中国各民族民间口头和非物质文化遗产概述[J].中国民族,2003(3):9.

[47]聂青,聂勋载.研究与开发我国韧皮纤维造纸原料的意义、概况与展望[J].湖北造纸,1999(03):5-7.

[48]吕冬梅.沁阳地区手工捞纸工艺考察[D].重庆师范大学,2016.

[49]王巨山.手工艺类非物质文化遗产理论及博物馆化保护研究——以杨家埠木版年画制作工艺的考察为例[D].山东大学,2007.

[50]王文章.非物质文化遗产保护步入规范里程[N].人民日报,2005-06-10.

[51]鞠月,马早升.现代艺术产业为传统文化赋予新的历史价值[J].人

民论坛,2016,12(3):1—139.

[52]鞠月,马早升.非遗技艺赋能乡村文化产业发展研究——以陕西省北张村楮皮纸非遗制作技艺为例[J].乡村科技,2022(01):9—11.

[53]鞠月.浅谈影视作品的非历史化现象[J].电影文学,2013(12):16—17.

[54]鞠月,马早升.浅谈西安地区唐代壁画的艺术风格[J].世界家苑,2018(10):143—144.